Birgit Wichmann

Aus der Asche
(un-)schuldig geboren

„Eine der fröhlichsten Erfahrungen im Leben ist es, als Zielscheibe zu
dienen, ohne getroffen zu werden."

Winston Churchill

Erste Auflage 2018

Verlag: CreateSpace Independent Publishing Platform

ISBN-13: 978-1533480170

ISBN-10: 1533480176

Ich danke all jenen Menschen, die mich durch wertvolle Anregungen, rechtliche Beratung, Literaturhinweise und das Korrekturlesen unterstützt haben. Ein konstruktiver Austausch war auch mit meinen Freunden und meiner Familie möglich. Ihr seid immer für mich da gewesen, wenn ich nicht weiterwusste. Im Besonderen möchte ich meinen Wahleltern danken. Euer guter Rat, Eure Fürsorge und Eure lieben Worte haben mir immer geholfen. Manchmal war es auch der Tritt in den Allerwertesten, der mich laufen ließ. Ein ganz besonderer Dank geht an meine Enkeltochter Leonie. Liebe Leo, ich danke Dir für Dein Vertrauen und Deine Liebe und wie ich es versprochen habe, bleibe ich an deiner Seite.

Birgit Wichmann; Wien/Fréjus 2017/2018

Anmerkung

Dieses Buch basiert zum Teil auf tatsächlichen Geschehnissen und typisierte Personen, die die Geschehnisse durch ihr Tun aktiv mitgestaltet haben. Diese Personen wurden jedoch durch die künstlerische Bearbeitung und die Ein- und Unterordnung in das gesamte Werk so stark verselbstständigt, dass das Individuelle und Persönliche, zugunsten des Allgemeinen und Bildhaften zurücktritt.

Für jeden Leser leicht erkennbar handelt es sich nicht um eine Autobiografie oder einen Bericht über real existierende Personen und Ereignisse, sondern um einen Roman, der Wahrheit und Fiktion miteinander verbindet.

Victoria tritt aus dem Haus. Die rechte Hand hält sie waagerecht vor ihre Stirn, um die Augen vor dem gleißenden Sonnenlicht zu schützen. Der Tag war heiß und Victoria ist lieber in ihrem Haus geblieben. Dort ist es auch um diese Jahreszeit schattig und kühl. Doch nun droht die Sonne hinter dem Horizont zu versinken und damit sinken auch die Temperaturen. Victoria hört die Grillen und Zikaden zirpen. Dieses Konzert wird bis Mitternacht anhalten und wärt den ganzen Sommer lang. Inzwischen ist sie daran gewöhnt. Sie hat sich sogar den hiesigen Traditionen angepasst und das Abbild einer Zikade an ihrer Haustür angebracht. Die provenzalische Art und Weise, Besucher willkommen zu heißen. Ein Lächeln spielt um ihre Lippen. Viel Besuch bekommt sie heute nicht mehr und sie genießt es. Doch heute Abend möchte sie noch einen Spaziergang zum Schloss mit seinem riesigen Park machen. Es liegt auf einer kleinen Anhöhe am Ende des Ortes. Im Schatten der Platanen kann sie sich noch ein wenig von der Hitze des Tages erholen. Der Blick auf die Uhr verrät, es ist neunzehn Uhr. Der Park hat noch zwei Stunden geöffnet, bevor er geschlossen wird. Das Schloss ist ziemlich verfallen und der Park ähnelt eher einem Urwald als einem Park. Doch Victoria liebt ihn. Es ist etwas Verwunschenes, Magisches um sie herum, wenn sie durch ihn spaziert und er hat ziemlich einsame Ecken, die vor den Blicken Fremder schützen. Rasch versperrt sie die Haustür, nimmt ihren Bastkorb und legt eine Flasche Wasser, etwas Baguette, Käse und Weintrauben hinein. Fertig ist das Abendmahl. Ein Buch gegen die Langeweile und eine leichte Decke schmeißt sie auch noch schnell dazu. Dann macht sie sich auf den Weg. Man grüßt sie freundlich und sie grüßt freundlich zurück. Der kleine Ort im Süden Frankreichs hat sie schon vor langer Zeit willkommen geheißen.

Oben angekommen, öffnet sie das sperrige quietschende Tor zum Eingang. Sie hat Mühe, das eiserne Tor zu bewegen und muss sich deshalb mit ihrem gesamten Körpergewicht dagegenstemmen. Das bereits stark verfallene Schloss lässt sie links liegen. Sie ist froh, dass es bislang keinen Käufer gegeben hat. So kann sie ihr Idyll weiter genießen, wann immer sie es möchte. Der Mairie ist der Park schon viel zu verwildert. Der Bürgermeister hofft auf einen Käufer. Eiben, Mammutbäume, Zedern und Platanen sind unkontrolliert in die Höhe geschossen und die Sträucher wuchern derart zügellos, dass der Park von außen nicht mehr einsehbar ist. Wege können nur noch erahnt werden und manchmal muss sich Victoria ihren Weg durch das Gestrüpp regelrecht erkämpfen. Doch das stört sie nicht. Langsam und bedächtig setzt sie einen Schritt vor den anderen. Dabei muss sie immer wieder Zweige und Äste zur Seite drücken. Doch dann steht sie vor ihrem Lieblingsplatz in dem Park. Ein alter romantischer Gartenpavillon aus Stein. Er hat keine Fenster, dafür aber eine Bank aus Stein im Inneren und er steht direkt unter einem riesigen Mammutbaum. Wie alt er ist, weiß Victoria nicht. Vielleicht aus dem Barock oder aus der Antike? Er ist ein dekorativer, wenn auch versteckter, Blickfang und zugleich ein lauschiges Plätzchen im Grünen. Ein Rückzugsort für Victoria, der gleichzeitig als Wind- und Wetterschutz im Freien fungiert. Ein kleinarchitektonisches Wunderwerk mit einem ganz eigenen Charme. Andächtig steht Victoria davor. ‚Der richtige Platz zum Träumen oder für ein Date‘, denkt sie. Sie reißt sich aus ihren Träumereien und betritt den Pavillon. Dann breitet sie ihre Decke auf der steinernen Bank aus, setzt sich darauf und beginnt zu lesen. Der Korb steht neben der Bank. Doch dann wird sie plötzlich müde. Die drückende Hitze setzt ihr zu. Sie beschließt, sich ein wenig auszuruhen und legt sich auf die Bank. Die Augen fallen ihr zu und gleichmäßig hört man sie atmen. Kein Windhauch ist zu spüren, nur die Grillen und Zikaden zirpen. Als Victoria erwacht, ist es bereits dunkel und die Sterne leuchten hell am Himmel. Durch das Blätterdach der Platane kann sie sie sehen. Erschrocken setzt sie sich auf. Sie schlägt die Hände vor den Kopf und schaut dann rasch auf die Uhr. Die Zeiger stehen auf zweiundzwanzig Uhr dreißig. „Nein", schreit Victoria laut in die Stille hinein. In Windeseile packt sie ihre Sachen in den Korb und rennt los in Richtung Tor. Vielleicht hat François, der Gemeindediener, ja ausnahmsweise einmal vergessen, das Tor abzusperren. Sie stolpert über Wurzeln, rafft sich wieder auf und rennt weiter. Zweige peitschen in ihr

Gesicht. Endlich ist sie am Tor. Sie wischt mit dem Handrücken über ihre Stirn, auf der bereits Schweißperlen stehen. Schon versucht sie das Tor zu öffnen. Doch es bewegt sich nicht. Sie rüttelt an den Stäben. Doch es bewegt sich nicht. „Verdammt", presst sie zwischen den Zähnen hervor. „So etwas Dummes kann auch nur mir passieren." „Und mir", tönt es da hinter ihr. Erschrocken dreht sich Victoria um. Sie kann niemanden sehen. „Wer ist da?", ruft sie fragend in das Gestrüpp. Da sieht sie plötzlich den schwachen Schein einer Taschenlampe im Gestrüpp. „Bin gleich bei Ihnen", hört sie eine männliche Stimme sagen. Victoria drückt sich mit dem Rücken an das Tor. Mit zusammengekniffenen Augen blickt sie in das Gestrüpp vor sich. Da sieht sie, wie sich das Gebüsch teilt und ein großer schlanker Mann den Platz vor dem Tor betritt. Er ist mit einem schwarzen Radtrikot bekleidet und hat eine Taschenlampe in der Hand. „Was machen Sie hier?", fragt Victoria ihn. „Das Gleiche könnte ich Sie auch fragen", erwidert der Unbekannte schnippisch. „Ich lebe hier", gibt Victoria ebenso schnippisch zurück. „Oh, eine Prinzessin", erwidert der Mann spöttisch. „Hören Sie", beginnt Victoria etwas ärgerlich, „ich lebe hier im Ort und komme manchmal hier herauf, um den Park zu genießen. Er ist verwildert, aber schön. Nur heute bin ich eingeschlafen und da der Park um einundzwanzig Uhr geschlossen wird, sitze ich jetzt hier fest." „Schon gut", erwidert der Mann mit einer abwehrenden Handbewegung. „Ich bin auf einer Welttour mit meinem Rad und habe den Ort besichtigt. Eine Frau hat mir den Park empfohlen. Also bin ich hierhergekommen. Sie vergaß aber, mir zu sagen, dass er um einundzwanzig Uhr schließt. Ich war auf der Suche nach Obstbäumen, aber Fehlanzeige. Als ich zurückkam, war das Tor verschlossen. Mein Rad steht vor dem Tor." Er deutet hinter Victorias Rücken. Victoria dreht sich um, behält den Mann aber trotzdem im Auge. Sie sieht den vorderen Teil eines Rades hinter einem gegenüberliegenden Baum hervorlugen. „Hören Sie, ich will Ihnen keine Angst machen und bin völlig harmlos", fährt der Mann beschwichtigend fort. „Schon gut." Victoria hat sich wieder umgedreht. „In einer so verrückten Situation war ich noch nicht", ergänzt sie entschuldigend. „Sie kennen den Park besser als ich", beginnt er erneut. „Gibt es eine Möglichkeit, hier herauszukommen?" Victoria schüttelt den Kopf. „Der Park ist verwildert, aber die Mauer mit dem eisernen Zaun wird erhalten. Das Tor wird nachts verschlossen wegen der Haftung der Gemeinde, falls ein Unfall passiert und um sich vor unliebsamen Besuchern wie Wildcampern zu schützen. Draußen hängt ein Schild." „Habe ich nicht gesehen", murmelt der Mann leise vor sich hin. „Ein zweites Tor vielleicht oder eine versteckte Pforte?", versucht er es erneut. Victoria schüttelt erneut den Kopf. „Morgen früh um neun Uhr öffnet François den Park wieder. Bis dahin sitzen wir hier fest." „Ich könnte versuchen, über den Zaun zu klettern", gibt der Unbekannte zurück. „Viel Spaß", erwidert Victoria lachend und deutet auf die spitzen Enden der einzelnen Zaunstäbe weit über ihrem Kopf. Der Mann deutet auf sein Rad außerhalb des Parks. „Alles, was ich besitze, ist da drüben. Ich habe nur die Taschenlampe mitgenommen." Victoria zeigt auf ihren Korb. „Essen und Trinken habe ich. Es gibt einen kleinen Brunnen im hinteren Teil des Parks, falls es nicht reicht. Eine leichte Decke habe ich auch, aber es ist warm heute Nacht. Wir werden sie also nicht brauchen. Ziehen wir uns in den Pavillon zurück. Dort gibt es eine steinerne Bank. Darauf kann man auch schlafen. Ach ja und es gibt Aprikosenbäume im hinteren Teil, aber auch Granatapfelbäume. Was Ihnen lieber ist." „Vor dem Tor herumzulungern, macht ja wohl keinen Sinn", erwidert der Mann. „Darf ich mich vorstellen? Ich bin Richard und komme aus Deutschland. Seit zwei Jahren bin ich, ohne Geld, unterwegs auf einer Radtour quer durch die Welt." Er streckt Victoria die Hand entgegen. Victoria ergreift sie mit den Worten: „Freut mich. Ich bin Victoria und komme ebenfalls aus Deutschland, lebe aber bereits seit vielen Jahren hier." Sie deutet in Richtung des Gestrüpps. „Folgen Sie mir." Dann geht sie den Weg zurück zum Pavillon. Richard folgt ihr. Beim Pavillon angekommen, packt sie erneut ihre mitgebrachten Utensilien aus. Die Decke legt sie auf die Bank und setzt sich. Richard nimmt ihr gegenüber Platz. Wortlos reicht Victoria ihm Baguette und Käse. Richard greift zu und lässt es sich schmecken. Victoria hält ihm die Wasserflasche hin. Er nimmt einen großen Schluck aus der Flasche ohne sie abzusetzen. Victoria muss lachen. „Sie haben gesagt, es gibt hier Wasser", gibt ihr Richard die Flasche, mit einem entschuldigenden Lächeln, zurück. „Stimmt, aber in der Nacht habe ich keine Orientierung. Also sollten wir etwas sparsam mit dem Wasser umgehen." Richard nickt zustimmend. „Was ist mit Ihnen? Essen Sie nichts?" Victoria schüttelt den Kopf. „Hab' keinen Hunger." Versonnen schaut sie vor sich hin. „Alles in Ordnung?" Richard berührt leicht ihren Arm. „Ja, aber bitte sagen wir Du. Ich fühle mich sonst noch älter als ich ohnehin schon bin."

„Okay."

Victoria: „Wie alt bist du, Richard?"

Richard: „Fünfunddreißig und du?"

Victoria: „Siebzig."

Richard: „Wow, das sieht man dir nicht an. Ich hätte dich jünger geschätzt."

Victoria: „Danke. Das denken viele. Warum machst du diese Radwelttour?"

Richard: „Das ist eine lange Geschichte, Victoria."

Victoria: „Wir haben die ganze Nacht lang Zeit, Richard."

Richard zögert, doch dann beginnt er zu erzählen. Zunächst leise und stockend. Doch dann laut und deutlich.

„Schon in meiner Kindheit hatte ich ziemliche Probleme. In der Schule wurde ich gemobbt, weil ich nicht so war wie alle anderen. ‚Fettarsch' nannten sie mich. Nach der Schule hatte ich einige Beziehungen mit Frauen, die alle sehr verletzend für mich waren. Ich konnte es einfach nicht verarbeiten, so sehr ich mich auch anstrengte."

Victoria wirft ein: „Warum hast du keine Therapie gemacht?"

Richard lacht und sagt: „Die brauchen doch alle selbst einen Therapeuten. Meine Mutter hat mich zu einigen Psychologen geschleppt, denn ich war ja das Problem.

Einer dümmer als der andere und gebracht hat es Null. Aber als Kind kann man sich nicht dagegen wehren. Es hört niemand wirklich zu."

Victoria lächelt, sagt aber nichts.

Richard fährt leise fort:

„Der Ballast hat mich all die Jahre begleitet. Ich habe eine Ausbildung begonnen und abgeschlossen, war erfolgreich im Beruf, habe mich weitergebildet und war erfolgreich. Zumindest von außen betrachtet. Innerlich war ich leer. Meinen Beruf konnte ich nicht mehr ausstehen und die mich umgebenden Menschen langweilten mich. Mein Leben bestand nur aus Oberflächlichkeiten und leerem Geschwätz. Ein Leben ohne Inhalt. Verrückt oder?"

„Nein", erwidert Victoria leise. „Absolut verständlich für mich."

Ungläubig schaut sie Richard an. „Wirklich?" Victoria nickt und schaut ihm in die Augen. „Erzähl weiter."

Richard: „Ich wusste plötzlich, dass ich mich in einer Sackgasse befinde. Umdrehen und alles noch mal auf Anfang, so dachte ich, geht nicht. Oder geht doch? Was würde mein Umfeld dazu sagen, wenn ich meine sogenannte Karriere so einfach hinschmeißen würde? In meiner Wohnung stapelten sich Erinnerungen aus meiner Vergangenheit. Ich begann sie zu entrümpeln und entrümpelte auch gleichzeitig meinen Kopf. Mit jedem weggeworfenen Stück aus meiner Vergangenheit, ließ ich ein Stück meiner Vergangenheit los. Ich schaffte Platz für meine Zukunft, in meiner Wohnung und in meinem Kopf. Das war der erste Schritt für meinen Neubeginn. Plötzlich hatte ich wieder Träume, ich konnte Momente des Glücks genießen und traf Menschen, die wie ich waren und die es gut mit mir meinten."

Unsicher schaut Richard in Victorias Augen. Die erwidert den Blick und bedeutet ihm mit einer Geste und einem Lächeln weiterzuerzählen. ‚Wie schön ihre Augen sind‘, denkt Richard noch, bevor er fortfährt:

„Jahrelang habe ich durchgehalten, trotz starker Rückenschmerzen und Gewichtszunahme. Ich war total erschöpft, dabei war ich gerade einmal dreißig Jahre alt. Bis zur Rente war es noch eine Ewigkeit. Das Einzige, was ich wusste war, so geht es nicht mehr weiter. Ich muss hier raus. Irgendwo in meinem Alltag hatte ich mich verloren. Ich hatte kein Gespür mehr für mich und meine Bedürfnisse. Ich fühlte mich leer und ausgebrannt. Also kündigte ich meinen Job und tat erst einmal nichts. Und dann kam das für mich schicksalsträchtige Jahr. Meine langjährige Freundin verließ mich. Mein Vater verließ meine Mutter und die hatte einen schweren Autounfall. Und ich? Ich hatte kein Geld mehr. Ich hatte eine riesige Angst davor, nichts mehr zu besitzen, vielleicht sogar obdachlos zu werden. Doch plötzlich, als wenn mir der da oben eine Riesenmöhre vor die Nase halten wollte, wird mir ein Hunderttausend-Euro-Job angeboten. Mein Hirn hämmerte, nimm den Job an, du brauchst das Geld. Mein Herz sagte, lass es, du verschleuderst wertvolle Lebenszeit in einem grauen nichtssagenden Büro. Ich war hin- und hergerissen. Was sollte ich nur tun? Eines Nachts hatte ich einen Traum. Ich träumte, dass ich mit meinem Rad ferne Länder erkundete. Es stellte sich ein Wohlfühlgefühl ein, das mich einen Entschluss fassen ließ. Es muss ja nicht gleich die ganze Welt sein. Deutschland ist ja auch ganz nett.“

Victoria: „Wie geht es deiner Mutter jetzt?“
Richard: „Inzwischen wieder ganz gut. Meine Eltern sind jetzt geschieden.“
Victoria: „Das tut mir leid.“
Richard: „Ich bin erwachsen. Kontakt habe ich zu beiden.“
Victoria: „Schön, erzähl weiter.“

Richard fährt stockend fort:

„Doch von was lebt man, wenn man nichts mehr hat. Auch auf einer Reise mit dem Rad braucht man Essen, einen Schlafplatz und muss Wäsche waschen. Ich hatte solche Angst zu versagen. Von klein an hatte ich das Gefühl nicht zu genügen. Ich habe mich gebogen und gereckt, in jede erdenkliche Richtung. Gebracht hat es mir nichts. Ich wollte den Erwartungen anderer entsprechen und habe es nie geschafft, weil man es nicht schaffen kann. Das weiß ich heute. Damals wusste ich es nicht. Mein Herz sagte mir, dass ich auf mich selbst vertrauen muss und das ich es schaffen werde. Mein Verstand aber zeigte mir einen Vogel. Zu der Angst vor dem Scheitern, kam die Angst was mein Umfeld dazu sagen würde. Doch dieses Mal war das Herz stärker als mein Verstand. Ich kündigte meine Wohnung, stellte meine Sachen bei meiner Mutter unter und fuhr einfach los. Kurz bevor ich auf Reisen ging, kündigte ich die Reise auf meinem Facebook-Account an. Es geschah das Unfassbare, es wurde geteilt und gelikt. Plötzlich meldeten sich mir unbekannte Menschen und boten Nahrung, einen Schlafplatz und eine Waschmaschine an. Ich konnte es kaum glauben. So fuhr ich das erste Jahr von Ort zu Ort, quasi immer den Angeboten nach."

Victoria muss laut lachen. „Es hat sicher Menschen gegeben, die dich als Schnorrer bezeichnet haben, oder?"

Richard: „Klar, es gab auch noch andere Kraftausdrücke für mich. Mich hat es nicht gestört. Ganz im Gegenteil. Ich bekam rasch mit, dass es Menschen gab, denen ich Mut gemacht habe es mir nachzutun. Wunderbare Menschen habe ich auf dieser Reise getroffen und viele gute Gespräche geführt. Doch nach einem Jahr war mir Deutschland zu eng geworden. Ich wollte raus. Kurz entschlossen fuhr ich über die Grenze nach Polen. Seitdem schlage ich mich durch mit Straßenmusik, ein bisschen Betteln, kellnern in Restaurants oder helfen bei einem Bauern. Was eben so anfällt.

Wenn das Geld langt, ziehe ich weiter. Ich denke nicht mehr über das Morgen nach. Ich lebe heute."

Victoria. „Wo bist du überall gewesen?"

Richard: „Polen, Ungarn, Österreich, Italien, Griechenland, im Oman und im Iran, Thailand, Kirgisistan, Türkei und jetzt Frankreich."

Victoria: „Alles nur mit dem Rad?"

Richard: „Nein, es reichte auch für Flüge. Die nehmen Räder mit."

Victoria: „Und jetzt geht es heim?"

Richard: „Nein, ich fliege mit meinem Rad nach Kanada und von dort erkunde ich den amerikanischen Kontinent. Nord und Süd."

Victoria nickt anerkennend. „Und was gibst du in deinem Lebenslauf an? Du kannst ja nicht immer um die Welt reisen, oder?"

Richard: „Irgendwann werde ich mich irgendwo niederlassen. Bislang weiß ich nicht wo, aber es wird sich etwas finden. Da bin ich sicher."

Victoria: „Oh ich verstehe. Frei nach dem Motto: ‚Sie haben da eine Lücke im Lebenslauf! - Ja, war geil.' Richtig?"

Richard: „Du verstehst mich."

Victoria: „Nur zu gut."

Richard: „Und du? Was hat dich hierher verschlagen?"

Victoria: „Das ist eine lange Geschichte."

Richard erwidert mit einem verschmitzten Lächeln auf den Lippen: „Wir haben die ganze Nacht Zeit."

Victoria lächelt. Nachdenklich schaut sie Richard an. Dann beginnt sie leise zu erzählen.

„Ich bin im Osten Deutschlands geboren und aufgewachsen. Meine Mutter war gerade einmal siebzehn Jahre alt, als sie mich bekam. Sie gab mich zu meiner Großmutter mütterlicherseits. Meinen Vater durfte ich nicht kennenlernen. Meine Mutter hatte etwas dagegen. Gekränktes Ego."

Richard: „Warum gekränktes Ego?"

Victoria: „Mein Vater hatte sich mit meiner Mutter verlobt und stellte sie daheim vor. Dort erfuhr sie, dass er bereits mit einer anderen Frau verlobt war, die ebenfalls ein Kind von ihm erwartete. Er wollte diese Verlobung lösen. Doch die Familie ließ das nicht zu. Sie zwang ihn, sich von meiner Mutter zu entloben und die andere Frau zu heiraten. Die Ehe hat nur zwei Jahre gehalten. Aus Zorn über die Demütigung verweigerte sie meinem Vater den Umgang mit mir."

Richard: „Ist heute auch noch nicht anders. Immer diese Egogeschichten."

Victoria: „Nun ja, ich war bei meiner Großmutter gut aufgehoben. Ich vermisste nichts. Wir hatten nicht besonders viel Geld, aber ich bekam sehr viel Liebe. Für meinen weiteren Lebensweg war das der entscheidende Faktor. Doch das wusste ich damals noch nicht. Meine Mutter sah ich selten bis nie. Sie war auf der Suche nach einem neuen Mann und arbeitete in einer weit entfernten Stadt. Sie fand nicht nur einen und schon hatte ich zwei Schwestern."

Richard: „Kein Kind von Traurigkeit deine Mutter."

Victoria: „Nein. Vielleicht wollte sie aber auch einfach nur beweisen, dass sie auch ohne meinen Vater glücklich sein konnte. Ich weiß es nicht. Das ist ihre Geschichte. Mein Leben war geordnet und ich fühlte mich wohl. Dann kam der Tag, der mein Leben völlig aus den Fugen reißen sollte. Ich war noch nicht einmal sechs Jahre alt, als meine Mutter verfügte, dass ich das Haus meiner Großmutter zu verlassen hatte und zu ihr zurückkehren musste. Von einem Tag auf den anderen verpflanzt. Mich hat niemand gefragt. Da ging es mir, genau wie dir, Richard. Meine Mutter war eine Unbekannte für mich. Doch sie hatte das Sorgerecht. Meine Bindung hatte ich zu meiner Großmutter. Für meine Mutter war ich eine billige Haushaltshilfe, denn nun musste ich für zwei Geschwister und den Haushalt sorgen. Ich war die Älteste. Ich rebellierte und lief zurück zu meiner Großmutter. Doch das Jugendamt und meine Mutter verfügten, dass ich ihr Haus nicht mehr betreten durfte. Sie öffnete nicht und reagierte auf kein Klopfen. Bei einer Begegnung auf der Straße musste sie die Seite wechseln. In mir wuchs das Gefühl, dass meine Großmutter mich nicht mehr mochte. Dann wieder dachte ich, ich sei so unartig gewesen, dass sie mich weggeben musste. Nur konnte ich mich nicht daran erinnern, wann das gewesen sein sollte. Das einzige was ich noch wusste war, dass es meine Mutter, kurz vorher, war, die meine Großmutter dazu gezwungen hatte, mich in den Kindergarten zu geben. Ich langweilte mich dort zu Tode. Mit den anderen Kindern konnte ich nichts anfangen. Doch meine Mutter und das Jugendamt waren der Meinung, dass ich soziale Kontakte brauche. Ich brauchte sie nicht. Meine Großmutter reichte völlig. Die Ausflüge mit meiner Großmutter in den Wald oder in die Stadt brachten mir mehr soziale Kontakte, als die Beschäftigungstherapie im Kindergarten. Dort saß ich meine Zeit ab und kam mir vor wie eine Strafgefangene ohne Ausgang.“

Richard: „Ich mochte den Kindergarten auch nicht. Waren sie auch so gemein zu dir?“

Victoria: „Das trauten sie sich nicht. Ich konnte kämpfen und wehrte mich. Aber sie grenzten mich schon deshalb aus, weil wir arm waren. Ich trug Selbstgestricktes und Selbstgenähtes. Mich störte das nicht. Die anderen hatten schicke Kleidung aus dem Warenhaus und zeigten mit dem Finger auf mich. Nicht einmal ein Faschingskostüm konnten wir uns leisten. Ich wollte auch keines, weil ich es albern fand. Doch es war Zwang beim Fasching mitzumachen. Ich hasste es und mag es bis heute nicht. Ich war ein stilles ernsthaftes Kind und hatte ganz andere Interessen. Mit dem Umzug zu meiner Mutter hatte ich nicht nur keine Bezugsperson mehr, sondern durfte den ewigen Streitereien zwischen meiner Mutter und ihren Männern beiwohnen. Dazu hatte ich meine beiden Schwestern ständig im Schlepptau. Dann lernte sie einen Mann kennen der anders war. Ich war sechs Jahre alt und wurde vor die Wahl gestellt.

Entweder du fügst dich und bleibst bei deiner Mutter oder du kommst in ein Kinderheim. Zu deiner Oma kommst du auf gar keinen Fall mehr. Ich lief weg und wollte im Wald leben. Es war wohl ein Hilferuf. Aber genau wie bei dir, Richard, hörte niemand zu. Schließlich war ich das Kind und hatte zu gehorchen."

Richard: „Mit sechs allein im Wald? Das ist ja Wahnsinn."

Victoria: „Na und, es waren ja nur zehn Jahre. Der neue Mann meiner Mutter suchte und fand mich. Ich ging zurück. Aber von diesem Zeitpunkt an schwieg ich. Meine Stimme hatte ich verloren. Es hörte ja doch keiner zu. Und mich, mich hatte ich auch verloren. Besser ausgedrückt, ich hatte mich versteckt. Es sollte viele Jahrzehnte dauern mich wiederzufinden. Mein neuer Vater war auch mein Schutz vor meiner Mutter. Sie kam nie mit mir klar. Das hat sich auch nie geändert. Manchmal behauptete sie sogar ich sei nicht von ihr. Doch ich bin von ihr, habe allerdings den Charakter und das Aussehen von meinem Vater und meiner Großmutter. Ich fügte mich also und suchte mein Heil in der Schule. Dort war ich die Beste und musste mich nicht einmal dafür anstrengen. Meine Großmutter hat mich immer gefördert. Nun musste ich das allein tun. Meine Lehrer halfen mir dabei. Der frühestmögliche Zeitpunkt das Haus meiner Mutter zu verlassen war mit sechszehn Jahren. Also schwieg ich, verschaffte mir Freiräume und irgendwann ließ sie mich in Ruhe. Allerdings durfte ich stets ihr seelischer Mülleimer sein. Mit zunehmendem Alter nahm ich kleine Nachmittagsjobs an. So kam ich spät heim. In den Ferien arbeitete ich und ersetzte so das fehlende Taschengeld. Mit vierzehn Jahren bekam ich das erste Mal wieder Kontakt zu meiner Großmutter. Mein Vater hatte dafür gesorgt. Wir verstanden uns auf Anhieb wieder so wie früher. So oft ich konnte fuhr ich zu ihr. Sie war inzwischen an Krebs erkrankt. Ich fühlte mich schuldig. Doch die, die Schuldgefühle hätte haben müssen, fühlte keine Schuld. So gut es ging kümmerte ich mich bis zu ihrem Tod um sie. Meine Mutter und das Jugendamt waren die ersten, die mir meine wertvolle Lebenszeit nahmen. Doch sie sollten nicht die Letzten sein."

Richard: „Hast du ihr keine Vorwürfe gemacht, dass sie dich so einfach gehen ließ?"

Victoria: „Doch, habe ich. Sie hat mir erklärt, dass sie alles versucht hat. Ich habe es nicht verstanden, denn schließlich war sie doch erwachsen und ich das Kind. Erst viel viel später begriff ich, was sie meinte, als sie zu mir sagte: ‚Ich hatte keine Chance gegen deine Mutter.' Aber dazu später."

Richard: „Erzähl weiter. Ist ja viel spannender als meine Geschichte."

Victoria: „Nun, ich war inzwischen, offenbar aufgrund meiner Geschichte, viel viel reifer als Gleichaltrige. Meinen Ausbildungsplatz hatte ich mir allein gesucht und er sollte die Grundlage für meinen Traumberuf Kapitänin sein. Du siehst, ich wollte schon früh auf Reisen gehen und ferne Länder erkunden. Doch daraus wurde nichts. Nach meiner Ausbildung lernte ich einen Mann kennen und lieben. Ich wurde schwanger. Er wollte das Kind nicht. Für mich kam eine Abtreibung nicht in Frage. Wir trennten uns. Ich wurde alleinerziehende Mutter von einem krebskranken Kind und gab meinen Berufswunsch auf. Das Leben forderte andere Prioritäten."

Richard bleibt der Mund offen stehen vor Staunen. „Krebs? Ein Baby und Krebs?" Fassungslos schüttelt er den Kopf. Victoria lacht. „Mund zu, Milchzähne werden sauer."

Victoria erzählt weiter: „Ja, meine Tochter wurde krebskrank geboren. Sie hatte eine Überlebenschance von zwanzig Prozent. Die Ärzte hatten kaum Hoffnung, doch sie taten alles für sie. Ich tat das Gleiche. Dann passierte das Unfassbare. Mit acht Monaten trat eine Spontanheilung ein. Ein medizinisches Wunder, welches nach Meinung der Ärzte, durch mich zustande gekommen war. Die medizinische Therapie wurde langsam ausschleichend beendet. Die Nachsorge sollte noch mindestens sieben Jahre dauern. Ich war erleichtert, denn die Entbehrungen hatten ein Ende. Als alleinerziehende Mutter, die keinen Unterhalt vom Vater bekam und daher nur sporadisch arbeiten konnte, hatte ich oft hungern müssen. Manchmal aß ich auch die Reste des Essens meiner Tochter. Ich war total abgemagert. Ein Professor aus der Klinik gestattete mir schließlich dort zu essen und befürwortete eine kleine Unterstützung von der Sozialhilfe. Kollegen halfen mir mit Sachen zum Anziehen und Möbeln für die Kleine. Ich bekam sogar eine schöne Wohnung für uns zwei. Doch mit dem Ende der akuten Erkrankung fing das eigentliche Drama erst an."

Victoria trinkt einen Schluck Wasser aus der Flasche. „Willst du den Rest wirklich noch hören, Richard?" Richard nickt stumm. Mit rauer Stimme sagt er dann: „Will ich."

Victoria: „Es war schwierig für sie einen Kindergartenplatz zu bekommen. Niemand wollte sie dort haben. Es besteht Ansteckungsgefahr für die anderen Kinder sagte man mir. Der Professor aus der Klinik klärte auf und schließlich durfte sie gehen. Meine finanzielle Situation entspannte sich und kurz darauf lernte ich auch einen Mann kennen. Ich war verliebt und er mochte meine Tochter. Ich fühlte mich glücklich. Doch es fühlte sich falsch an. Irgendetwas stimmte nicht. Doch ich wusste nicht was. Er machte mir einen Heiratsantrag. Ich zögerte. Unter Druck gesetzt, stimmte ich einer Verlobung zu. Doch heiraten wollte ich nicht. Er verwöhnte mich, umgarnte mich und kümmerte sich mit um meine Tochter. Sie mochte ihn. Doch ich zögerte weiterhin. Immer wieder fragte ich mich, warum es sich so falsch anfühlt. Meine Großmutter redete mir zu, denn schließlich braucht das Kind einen Vater. Doch bisher hatte ich es doch auch ohne geschafft. ‚Er ist eine Entlastung für dich', sagte meine Großmutter. Sie sollte sich irren. Doch schließlich stimmte ich zu und heiratete ihn. Am Hochzeitstag wäre ich am liebsten davongelaufen. War das wirklich ich, die da heiratete? Nun hatte ich also eine Familie. Das hatte ich doch immer gewollt. ‚Nun gut', dachte ich, ‚du hast eine Familie, also musst du dich auch darum kümmern.' Das tat ich. Ich hatte mich meinem Schicksal ergeben. Ein Jahr später war ich das erste Mal krebskrank."

„Scheiße", entfährt es Richard. Er hebt entschuldigend die Hände. „Tut mir leid. Erzähl weiter."

Victoria: „Ich nahm es gelassen, regelte meine Angelegenheiten und mein Mann adoptierte meine Tochter, damit sie nicht in ein Heim muss nach meinem Tod. Ihr Vater hatte dem zugestimmt. So musste er keinen Unterhalt mehr zahlen. Kontakt wollte er eh keinen. Doch in mir passierte etwas, was ich nicht kontrollieren konnte. ‚Das soll jetzt mein Leben gewesen sein?' Immer öfter stellte ich mir die Frage. Nur Leid, Elend und Schmerz. Was war mit Lebensfreude und Leichtigkeit? Der Arzt hatte mir noch ein Jahr Lebenszeit vorausgesagt. Was wollte ich eigentlich damit anfangen? Trotzig sagte ich mir selbst, dass ich ein Anrecht auf Leben habe und begann zu leben. Meine alten Träume wurden wieder hervorgeholt und auf Machbarkeit geprüft. Ich begann ein Studium. Mein gesamtes Umfeld hielt mich für völlig verrückt. Ausruhen sollte ich mich. Doch Ausruhen bedeutete für mich leiden bis zum Tod. Doch ich wollte leben. Zumindest noch ein Jahr. Ich verweigerte die medizinische Behandlung, begann mein Studium und wechselte den Job. Und siehe da, ich blühte auf. Erst drei Jahre später ging ich wieder zu einem Arzt. Ich war wieder gesund. Mein Studium hatte ich fast beendet. Während der gesamten letzten drei Jahre hatte ich mich leicht und frei gefühlt. Man geht anders mit dem Leben um, wenn man weiß, dass man sterben wird. Doch ich hatte meine Lektion offenbar noch nicht gelernt."

Richard: „Wieso? Du bist doch wieder gesund geworden?"
Victoria: „Warte es ab. Du wolltest die ganze Geschichte hören. Meine Tochter, inzwischen sechs Jahre alt, wurde immer verhaltensauffälliger. Sie klaute, ging nicht zur Schule bzw. haute einfach von dort ab. Ihre Lehrerin schickte mich zu einem

Kinderpsychologen. Nun, ich gebe dir recht, Richard, der hätte selbst einen nötig gehabt. Eine Lösung hatte er nicht. Die Lehrerin vermutete eine Hochbegabung und empfahl eine Sprachenschule. Ich probierte es aus. Alles beruhigte sich wieder. Sie fühlte sich dort wohl. Doch auch mein Mann hatte studiert und mit dem Ende seines Studiums kam ein Jobangebot aus Berlin. Er wollte es annehmen. Das bedeutete Umzug. Ich fand keine neue Sprachenschule für meine Tochter und das Drama ging wieder los. Dann kam die Wende. Mein Mann wurde arbeitslos. Das nächste Problem, denn er war nicht in der Lage, sich einen neuen Job zu suchen. Er war hilflos wie ein Kind und jammerte von früh bis spät. Es war kaum auszuhalten. Ich selbst verlor zwar auch meinen Job, hatte aber schnell einen neuen. Endlich hatte auch mein Mann einen neuen Job gefunden und plötzlich wollte er umziehen. Er redete von einer Eigentumswohnung im Westen, besseren Möglichkeiten für meine Tochter und kürzere Wege für uns alle. Ich war nicht von der Richtigkeit überzeugt. Die Gegend, in die er mich führte, war eine Katastrophe und das einzige was ich sah, war ein riesiger Schuldenberg, der da auf mich zurollte. Doch ich gab gegen meinen Verstand handelnd nach und handelte damit auch gegen meine Überzeugung. Es stand zwei gegen einen. Die Verhaltensauffälligkeiten meiner Tochter wurden immer größer. Dann lief sie weg. Kehrte wieder. Rannte wieder weg. Die Schule wurde geschmissen. Nichts half. Auch das inzwischen hinzugezogene Jugendamt war hilflos. Meine Tochter diffamierte uns, wo sie nur konnte. Sie erfand Geschichten, die zwar leicht aufzulösen waren, doch im Gedächtnis der Menschen haften blieben. Schließlich schaffte sie es auch, uns mit einer Lüge zu kriminalisieren. Wir wurden überwacht, Freunde und Arbeitskollegen ausgefragt und schließlich verhört. Nachdem ich auf eine ärztliche Untersuchung meiner Tochter bestand, flog ihre Lüge auf. Doch wir verloren unsere Jobs und damit unsere Existenz. Der Berg Schulden war noch lange nicht abgetragen. Schließlich versuchte sie mich umzubringen. Damit war für mich eine Grenze überschritten, die sie nie hätte überschreiten dürfen. Ich bestand beim Jugendamt auf eine psychiatrische Untersuchung. Sie stellte sich stets als Opfer dar, doch sie war die

Täterin und ist es von da an immer geblieben. Doch ich war ihre Mutter und wollte die Ursache wissen, um das Problem beheben zu können. Schließlich war sie erst dreizehn Jahre alt. Die Ursache wurde ermittelt und ganz plötzlich war auch die Erklärung für ihr Verhalten da. Eine emotional instabile Persönlichkeitsstörung, so lautete die Diagnose. Ich hatte eine Borderlinerin zur Tochter."

Richard wirft erregt ein: „Davon habe ich schon gehört. Die machen einen fertig und du merkst es nicht einmal. Schließlich landest du selbst in der Psychiatrie. Ist einem Freund von mir so gegangen."

Victoria: „Ja und ich hatte ein besonderes Exemplar erwischt. Die Psychiaterin erklärte es mir so. Ein hübsch anzusehender Schokoladenhohlkörper ohne Inhalt, soll heißen, ohne jedes Gefühl. Hilfe lehnte sie rigoros ab. Schweren Herzens entschloss ich mich dem Rat der Psychiaterin zu folgen und sie nicht mit nach Hause zu nehmen. Das Jugendamt war nun gezwungen sich um sie zu kümmern. Etwas in mir zerbrach an diesem Tag. Ich versuchte weiter mich um sie zu kümmern, doch ich wurde nur ausgenutzt. Ich fühlte mich ohnmächtig und hilflos. Das Jugendamt war alles andere als hilfreich und versagte völlig. Trotzdem blieb ich immer die Schuldige für sie. Wenn es mal wieder brannte, wurde meine Tochter wieder bei mir untergebracht. So absolvierte sie die klassische Karriere einer Borderlinerin, die niemand aufhält. Drogen, Prostitution, Straftaten – alles unter den Augen des Jugendamtes."

Richard: „Auch das kenne ich. Die haben bei mir auch völlig versagt. Es wurde alles nur noch schlimmer, allerdings ohne Drogen und so ein Zeug."

Victoria: „Ich hatte mich selbstständig gemacht. Mein Mann ebenfalls. Schließlich wollten die Schulden bezahlt werden. Wir standen am Anfang. Trotzdem versuchte ich alles, um meiner Tochter zu helfen. Es scheiterte stets am Jugendamt und an meiner Tochter, die sich stets verweigerte. Dann bekam ich erneut die Diagnose Krebs. Dieses Mal gab man mir noch ein halbes Jahr. Ich stand fassungslos vor den Trümmern meines Lebens. Kind weg, Job weg und Gesundheit weg. Alles gegeben und trotzdem verloren. Meine Ärztin empfahl mir eine biologische Krebstherapie. Die Chemo verweigerte ich. Ich fiel in ein tiefes schwarzes Loch. Mein Mann jammerte und ich suchte Lösungen. Mir war klar, dass ich die Ursache für diesen Rückfall finden musste. Was stimmte nicht mit meinem Leben? Ich fuhr zum Professor in die Kinderklinik und erzählte ihm von meiner Tochter. Dabei erwähnte ich auch, dass das Jugendamt mir die Schuld an der psychischen Erkrankung meiner Tochter gibt. Die Psychiatrie aber sagt, dass der lange Klinikaufenthalt dafür ursächlich ist. Was ist richtig? Er schüttelte energisch den Kopf. Dann sagte er: ‚Es ist immer das Gleiche. Um von ihrer eigenen Unfähigkeit abzulenken, schieben sie die Schuld auf die Eltern. Die Psychiaterin hat recht. Ihre Tochter konnte zu Ihnen keine Bindung aufbauen. Daraus ist übrigens das Rooming entstanden. Für Ihre Tochter jedoch zu spät. Die ständig wechselnden Schwestern und der lange Krankenhausaufenthalt sind die Ursache. Doch Sie werden nie erleben, dass das jemand zugeben wird. Sie brauchen einen Schuldigen und das werden immer Sie sein. Lösen Sie sich davon. Trennen Sie sich von Ihrer Tochter. Sie müssen es tun, wenn Sie leben wollen. Im Übrigen, Sie sind kein Einzelfall. Ich kenne viele solcher Fälle.‘ Doch konnte ich mein eigenes Kind so einfach im Stich lassen? Mein Mann war zu diesem Zeitpunkt schon heillos überfordert. Also traf ich die Entscheidung mein Sorgerecht auf das Jugendamt zu übertragen. Der Richter und das Jugendamt wehrten sich. Doch ich bestand darauf. Die Akte war übrigens einige Jahre später verschwunden. Man wollte offenbar verhindern, dass ich nachweisen konnte, dass ich das Sorgerecht abgegeben hatte und es mir nicht entzogen wurde, weil ich unfähig war. Doch ich hatte vorgesorgt. Ich brach den Kontakt zu meiner Tochter ab. Sie hatte sich dahingehend geäußert, dass es ihr egal ist. Doch eines konnte ich zu diesem Zeitpunkt nicht kappen, meine Bindung zu ihr. Doch ich wurde wieder gesund. Langsam erholte ich mich. Sozialarbeiter riefen mich an, weil ich meine Tochter im Gefängnis besuchen sollte. Ich weigerte mich. Schließlich war das Jugendamt zuständig. Dank ihnen war sie in dieser Lage. Doch ihnen war es egal. Der Richter, dem sie vorgeführt wurde, entschied, entweder einen Entzug oder Haft. Reue zeigte sie nur vor Gericht. In Wirklichkeit empfand sie keine. Das sagte sie mir später. Aber für die Justiz reicht geheuchelte Reue für eine Strafmilderung aus. Sie wählte den Drogenentzug. Dieses Mal hielt sie ihn sogar durch. Begann sogar eine Schulausbildung. Hoffnung keimte in mir auf. Doch dann, vierzehn Tage vor dem Ende, brach sie die Schule ab und sie verschwand zu einem Mann, der dreißig Jahre älter war als sie. Als sie wieder straffällig wurde, benutzte sie ihre psychische Erkrankung, um sich vor einer Entmündigung zu schützen. Doch die Richterin blieb hart. Kurzerhand tauchte meine Tochter in Berlin unter. Sie war zu diesem Zeitpunkt bereits schwanger. Das Jugendamt wusste davon. Meine Tochter war zu diesem Zeitpunkt zweiundzwanzig Jahre alt, ohne Schulausbildung, ohne Berufsausbildung und ohne Job. Wozu auch arbeiten, der Staat zahlt ja. Das Jugendamt half ihr dabei."

Richard: „Das ist Wahnsinn, Victoria."

Victoria: „Der Wahnsinn nahm kein Ende, Richard. Das Beste kommt noch. Das war nur das Vorgeplänkel zu einem großen Finale. Bist du immer noch überzeugt davon, dass du alles hören willst?"

Richard: „Mehr denn je. Ich glaube ich kann eine ganze Menge lernen."

Victoria: „Durch eine Verkettung unglücklicher Umstände, die mit dem Tod meiner Schwiegermutter im Zusammenhang standen, bekamen wir wieder Kontakt zu ihr. Meine Enkeltochter war gerade auf der Welt und fünf Wochen alt. Die Kleine war total verwahrlost. Die Kinderärztin hatte bereits Meldung beim Jugendamt gemacht. Doch das Jugendamt tat nichts. Nach einem Gespräch mit der Kinderärztin nahm ich das Kind zu mir. Verantwortungsbewusst wie ich bin, sah ich es als meine Pflicht an. Was ich nicht ahnte war, dass meine Tochter einen perfiden Plan verfolgte. Was ich ebenfalls nicht ahnte war, dass mich dieses Kind lehren würde meine Stimme wieder zu erheben und mir lautstark Gehör zu verschaffen. Dieses Kind, meine Enkeltochter, zeigte sich stärker und mutiger als ich es je war und gab mir den Schubs in die richtige

Richtung. Den Preis, den wir beide dafür zahlen mussten, war hoch, aber ich bin ihr unendlich dankbar dafür und sicher, dass sie ihren Weg gehen wird."

Victoria ist aufgestanden und geht erregt hin und her. Sie ist sichtlich aufgewühlt. Rote Flecken haben sich am Hals und auf den Wangen gebildet.

Richard: „Du musst nicht weitererzählen, wenn es dich zu sehr anstrengt, Victoria."
Victoria: „Doch, ich will aber. Es ist alles noch in meinem Gedächtnis. Man kann verzeihen und vergeben, doch vergessen kann man nie. Es ist manchmal ganz gut, sich an diese Dinge zu erinnern. Das macht mich dankbar für all das, was ich habe."

Sie setzt sich wieder, zieht ihre Knie an ihr Kinn, legt den Kopf darauf und spricht weiter.

Victoria: „Die Kleine entwickelte sich prächtig, trotz ihrer Stoffwechselerkrankung. Im ersten Jahr kümmerte sich meine Tochter noch um die Kleine und kam gelegentlich zu Besuch. Doch dann kümmerte sie sich lieber um ihre Karriere als Prostituierte und Pornodarstellerin. Dann kam Hartz-IV und mit Hartz-IV wurde ihr Geld knapp. Ihr neuer Freund kam auf die Idee, dass ein Kind gegen die Geldnot helfen könnte. Er war ebenfalls Hartz-IV-Empfänger. Doch meine Tochter wollte sich nicht ihre Figur versauen, wie sie es nannte. Kein Freier würde sie mehr nehmen."

Richard: „Lass mich raten? Sie wollte die Kleine zurück?"
Victoria nickt: „Richtig und zwar ohne an ihre Tochter zu denken. Es ging ihr um das Geld, nicht um das Kind."
Richard: „Der Typ war damit einverstanden, dass deine Tochter anschaffen ging? Wie krass ist das denn."

Victoria: „Er lebte schließlich mit davon. So nebenbei handelte er mit geklauten Autoteilen. Wann immer es notwendig war, gab sie ihm ein Alibi. Ihr war es sowieso egal mit wem sie ins Bett stieg. Keine Gefühle. Es zählte nur das Geld."

Richard: „Victoria, das ist krank. Das so etwas möglich ist, ist unglaublich. Wie alt war die Kleine zu diesem Zeitpunkt?"

Victoria: „Sie war zwei Jahre und acht Monate alt. Noch viel zu klein um zu begreifen was eigentlich passierte. Doch sie verweigerte sich und äußerte sich klar und deutlich dahingehend, dass sie bei uns bleiben will. Das zuständige Jugendamt sah darin auch kein Problem. Zunächst jedenfalls. Doch dann versuchte meine Tochter ihr eigenes Kind zu ‚entführen'. Der Geldschuh drückte. Ohne Kind, kein Geld. Meine Intuition verhinderte das. Doch ich wusste, sie würde nicht aufhören bis sie bekam, was sie wollte. Also beantragte ich das Sorgerecht für mein Enkelkind und bekam das Aufenthaltsbestimmungsrecht und die Gesundheitssorge. Damit hatte ich den Krieg eröffnet, ohne das ich es wollte. Meine Enkeltochter begann einzunässen, wurde ängstlich und hatte Verlustängste. Ich suchte einen Kinderpsychiater auf. Der sagte mir klipp und klar, dass ich keine Chance hätte. Man werde mir das Kind nehmen und es bestenfalls an ein adoptionswilliges Ehepaar geben. Blond und blauäugig geht immer. Intelligent ist sie auch. Die zahlen gut für ein solches Kind. Doch ihr Enkelkind wird die Trennung von ihnen nicht verkraften und verhaltensauffällig werden. Dann kommt sie in ein Heim oder wird bestenfalls zu Pflegeeltern gegeben. Man wird gut an ihr verdienen. Ich begriff nicht wovon er eigentlich sprach. Die Kinderärztin sagte mir das Gleiche. Wieso sollte mein Enkelkind in ein Heim? Immer wieder schoss mir der Satz meiner Großmutter durch den Kopf: ‚Ich hatte keine Chance gegen deine Mutter.' Doch das war Jahrzehnte her. Die Welt hatte sich doch weitergedreht, oder nicht? Ich lebte in einem Rechtsstaat, oder nicht? Also begann ich zu recherchieren und fand die Aussagen des Psychiaters und der Kinderärztin bestätigt. Erneut suchte ich den Psychiater auf. Ich stellte ihm eine einzige Frage: ‚Was kann ich tun?' – ‚Nichts', war seine einfache und lapidare Antwort. Dann ergänzter er: ‚Ihr Enkelkind wird eine

Persönlichkeitsstörung bekommen, weil sie einfach noch zu klein ist, um ein solches Trauma zu verarbeiten. Wenn sie sechs Jahre alt wäre, wäre es etwas anderes. Dann hätte sie eine Chance.' Dann war ich entlassen. Sechs Jahre, so alt war ich, als ich mein zu Hause verlor. Da hatte ich ja offenbar Glück gehabt. In der weiteren Folge tauschte ich mich mit anderen betroffenen Großeltern aus, traf auch auf Pflegeeltern und Ehepaare, die ein Kind adoptiert hatten. Aber alle bestätigten nur die Aussagen der beiden Ärzte. Wir wurden heimgesucht von Verfahrenspflegern, Umgangsbegleitern, Jugendamtsmitarbeitern und einem Gutachter. Jeder wollte bei uns etwas anderes gesehen haben, doch in einem waren sie sich alle einig, das Kind muss von den Großeltern entfernt werden. Es gab keinen Grund dafür, also wurde einer erfunden. Sie waren sich zwar nicht einig wohin, aber entfernt werden sollte es. Dem Kind hörte niemand zu. Man drehte ihr das Wort im Munde um. Damit niemand beweisen konnte, was sie tatsächlich gesagt hatte, waren Sprachaufzeichnungen verboten. Dazu kam, dass jeder mit dem Kind allein sprechen wollte. Dass das Kind nicht wollte und es nichts zu beanstanden gab, war plötzlich nicht interessant. Vor Gericht kamen wir nicht zu Wort. Uns wurde das Wort verboten, auf Schriftsätze der Anwältin wurde nicht eingegangen und im gleichen Maße, wie die Angst meiner Enkeltochter vor dem Verlust ihrer Bezugspersonen wuchs, steigerte sich der Triumph meiner Tochter. Der Gutachter empfahl sogar die Überwachung unseres Hauses. Unter uns gesagt, Richard, nicht nur er hatte dringend eine Therapie nötig. Der Druck auf meine Enkeltochter doch endlich zu ihrer Mutter zu wollen nahm von allen Seiten zu. Ich wollte sie davor schützen. Ich unterbreitete Vorschläge. Jeder einzelne wurde abgelehnt. Darüber hinaus ging uns das Geld aus, denn aufgrund der Situation hatte ich keine Chance auf einen Job. Da bekam ich ein Angebot aus Süddeutschland. Zumindest finanziell würden wir uns über Wasser halten können. Wir hatten das Aufenthaltsbestimmungsrecht, also zogen wir um, benachrichtigten das Gericht und die Mutter. Anschließend gingen wir zu dem neuen Jugendamt und stellten uns vor. Die verstanden die Welt nicht mehr. Warum wollte man das Kind nach so langer Zeit aus seinem Zuhause entfernen? Es bestand doch kein Grund dazu. Die Richterin sah das anders und verfügte das Kind sofort aus seinem Zuhause zu entfernen, schließlich hätte ich das Kind der Mutter entzogen und nach Bayern entführt. Bayern ist schlecht für das Kindeswohl."

Richard beginnt zu lachen: „Na endlich weiß ich, warum ich aus Bayern wegwollte und warum aus mir nichts wurde. Bayern ist schlecht für mein Wohl."

Victoria: „Lach nicht, Richard. Ich habe es schriftlich. Kinder in Bayern sind einer dauerhaften Kindeswohlgefährdung ausgesetzt. Ich habe mich gefragt warum die Kinder nicht in Obhut genommen werden. Per Fax sendete sie den Beschluss an das neue Jugendamt. Uns wurde er erst drei Tage später zugestellt. Wir sollten überrascht werden, ohne eine Möglichkeit, uns dagegen zur Wehr zu setzen. Das Ganze hat Methode. Doch das Jugendamt sah keine Veranlassung und ließ meine Enkeltochter bei mir. Wieder unterbreitete ich über meinen Anwalt Vorschläge und bot sogar die Übernahme der Kosten für den Umgang an. Ich fand sogar eine Einrichtung für die Umgangsbegleitung. Keine Antwort. Der Gutachter stellte nun rasch sein Märchengutachten fertig und empfahl natürlich die sofortige Herausnahme und eine Unterbringung in einem Heim oder Pflegefamilie. Ein Termin wurde anberaumt und da machte die Richterin, aus welchen Gründen auch immer, einen entscheidenden Fehler. Sie entzog nicht uns das Sorgerecht, sondern meiner Tochter, die es aber gar nicht mehr hatte. Da es nicht möglich ist, jemandem etwas zu entziehen, was er nicht hat, verblieb das Aufenthaltsbestimmungsrecht und die Gesundheitssorge bei uns. Der Beschluss war null und nichtig. Unsere Anwältin versuchte die Richterin darauf hinzuweisen, wurde aber wie immer nicht gehört. Vielleicht hätte sie dieses eine Mal zuhören sollen. Ein Landgericht bestätigte viele Jahre später, in einem Beschluss, die Richtigkeit meiner Aussage, dass ich zu jedem Zeitpunkt das Aufenthaltsbestimmungsrecht und die Gesundheitssorge für meine Enkeltochter hatte. Doch die Justiz, das zuständige Amtsgericht und Oberlandesgericht, mussten ihr

Gesicht wahren. Man behauptete einfach, das Landgericht hätte sich geirrt. Mein mir zugesprochenes Aufenthaltsbestimmungsrecht und die Gesundheitssorge durfte ich nach Meinung der Gerichte nicht ausüben und das ich das nicht konnte, dafür taten sie alles. Es war jedes Mittel recht. Nun, das Geld wurde immer knapper. Die Gerichts- und Anwaltskosten stiegen ins Unermessliche."

Richard wirft ein: „Wie hat deine Tochter das zahlen können? Sie arbeitete doch nicht oder?"

Victoria: „Die Prozesskostenhilfe macht es möglich, einen Prozess bis ins Unendliche zu ziehen. Kosten hatte sie keine, doch das Gericht drückte der Gegenpartei, also mir, Kostenfestsetzungsbeschlüsse aufs Auge, für Kosten, die nie entstanden sind. Jede Beschwerde ist sinnlos, denn man hält zusammen und schließlich will man dich kleinkriegen. Wenn es nicht durch den psychischen Kleinkrieg zu schaffen ist, dann eben durch den wirtschaftlichen Ruin."

Richard: „Das waren doch sicher Tausende von Euro? Du hattest keinen Job. Das Ganze also von einem Alleinverdienergehalt. Wie geht das?"

Victoria: „Indem man alles verkauft, was man an Wertgegenständen besitzt, Erspartes verbraucht und Lebensversicherungen auflöst. Aber du hast recht, so ging es nicht weiter. Ich brauchte einen Job und zwar dringend. Die Steuerberatungskanzlei, die mich gern genommen hätte, zögerte. Meine unklaren familiären Verhältnisse waren nicht gerade eine Empfehlung. Man befürchtete, dass ich es nicht schaffen würde. Doch ich hatte keine Wahl. Ohne einen neuen Job, hätte ich gar keine Chance mehr gehabt. Noch einmal suchte ich Anwälte auf und einen Familienrichter. Alle sollten mir die Frage beantworten, wer Träger des Aufenthaltsbestimmungsrechts und der Gesundheitssorge ist. Alle drei waren sich einig, ich und mein Mann. Damit war für mich der Weg frei, in jede mögliche Richtung darüber nachzudenken, wie ich diese Situation und meine Finanznot dahingehend verändern konnte, dass ich finanziell stabil blieb. Du merkst, Richard, ich glaubte noch an das Recht, Gerechtigkeit und einen Rechtsstaat. Ein folgenschwerer Fehler, wie sich später zeigen sollte. Mein Gesundheitszustand war desolat, also fuhr ich mit meiner Enkeltochter in den Urlaub. Dort wurde mir eine Chance geboten, die ich nicht ablehnen konnte. Ich fand einen Job. Doch es war ein anderes Land. Ein Anwalt bestätigte, das Aufenthaltsbestimmungsrecht gilt weltweit. Die finanzielle Situation sollte begradigt werden und das Familiäre würde sich regeln, so dachte ich. Ich behielt also meinen Wohnsitz in Deutschland. Doch wieder kam es anders. Andere Länder, andere Sitten. Das verdiente Geld reichte zum Überleben, aber nicht für Rücklagen. Gerichts- und Anwaltskosten fielen weiter an. Immer wieder streckte ich meine Fühler auch nach Jobangeboten in Deutschland aus, aber Fehlanzeige. So blieb ich. Die Situation für meine Enkeltochter änderte sich nicht. Die Richterin, das nicht mehr zuständige Jugendamt und die Mutter drängten auf eine Herausnahme. Das war zu diesem Zeitpunkt aber für mich nicht mehr wichtig. Ich hatte das Aufenthaltsbestimmungsrecht und mehr brauchte es nicht. Jeder Beschluss wurde von mir und einem Anwalt nur noch dahingehend untersucht, ob eine Änderung dieser Tatsache eingetreten war. Es trat keine Änderung ein. Niemand wollte diesen Fehler zugeben und schon gar nicht korrigieren."

Richard: „Hast du keine höheren Gerichte angerufen?"

Victoria: „Der Gang zum Bundesgerichtshof wurde verweigert. Es durfte kein Rechtsmittel gegen den Beschluss des Oberlandesgerichtes eingelegt werden. Das Bundesverfassungsgericht kann sich aussuchen, ob es eine Beschwerde annimmt oder nicht. Was hat es wohl getan?"

Richard: „Sie nicht angenommen?"

Victoria: „Richtig. Die Chancen liegen bei zwei Prozent, dass eine Beschwerde angenommen wird. Das Schicksal eine Kindes ist nicht so wichtig. Außer Spesen nichts gewesen."

Richard. „Und außerhalb Deutschlands? Da gibt es doch so ein Gericht für Menschenrechte?"

Victoria: „Ja, aber jede Beschwerde geht durch die deutsche Sektion und was glaubst du, was die mit meiner Beschwerde gemacht haben?"

Richard: „Abgelehnt."

Victoria: „Besser, sie erklären übereinstimmend, dass keine Menschenrechtsverletzung vorliegt."

Richard: „Damit Deutschland kein Schaden entsteht oder so."

Victoria nickt. Richard schaut sie nachdenklich an. „Du musst verzweifelt gewesen sein", sagt er dann leise. „Ich wäre es gewesen."

Victoria: „Nicht wirklich. Verzweifelt ist man, wenn es keine Lösungen gibt. Und bedenke, ich glaubte an den Rechtsstaat, Recht und Gerechtigkeit. Das Aufenthaltsbestimmungsrecht hatte ich. Was sollte also passieren? Soweit der naive Teil von mir. Der weniger naive Teil von mir wusste, dass sie mit allen ihnen zur Verfügung stehenden Mitteln versuchen werden, das Kind aus seinem zu Hause zu reißen. Schließlich ging es um Recht haben, seine Macht ausleben und zu zerstören. Es ging um Kontrolle und darum, dass ich zu gehorchen hatte. Aber wie sagte schon der alte Fritz: ‚Der Herrscher ist der erste Diener des Staates'. Das scheint heute in Vergessenheit geraten zu sein. Aber Respekt musste man sich bei mir immer schon erarbeiten. Den bekommt man nicht automatisch, nur weil man Richter oder Jugendamtsmitarbeiter ist. Dieser Beruf erfordert, nach meiner Meinung, eine besondere Verantwortung, denn schließlich geht es um die Zukunft und das Leben von Menschen. Wer dieser Verantwortung nicht gerecht werden kann, sollte es lieber lassen. Es ging jedenfalls zu keinem Zeitpunkt um das Kind, welches sich klar und deutlich dahingehend geäußert hatte, dass es bei mir bleiben will. Solltest du Details wissen wollen, sende ich dir gern einen Link zum Nachlesen. Wichtig in diesem Zusammenhang ist eigentlich nur, dass meine Tochter selbst vor Gericht zugegeben hatte, dass sie kein Interesse an dem Kind hat und es ihr nur darum geht Großmutter und Enkelkind zu trennen. Das reichte ihr jedoch nicht. Sie wollte mich in Haft sehen oder besser noch in der Psychiatrie. Und daran arbeitete sie und hatte Helfer, die den Erfolg garantieren sollten."

Richard: „Es ist also aktenkundig? Das Gericht wusste das alles und hat trotzdem gegen die Interessen deiner Enkeltochter gehandelt."

Victoria: „Yep. Vier Milliarden Euro jährlich sind ein schlagendes Argument oder nicht?"

Richard. „Vier Milliarden Euro Steuergelder? Wofür? Wer sagt das?"

Victoria: „Das statistische Bundesamt in Wiesbaden. Überlege einmal wie viele Menschen daran verdienen, dass Kinder ihr zu Hause verlieren. Es gibt sogar eine Heimplatzbörse, auf der genau steht, welche Kinder für welches Heim gebraucht werden."

Richard: „Was? Das glaube ich nicht."

Victoria: „Ich habe es auch nicht glauben können. Heute weiß ich es. Jugendamtsmitarbeiter, Familienrichter, Umgangsbegleiter, Verfahrenspfleger, Heimmitarbeiter, Psychiatrien, die Pharmaindustrie, Logopäden, Ergotherapeuten, Pflegeeltern, die sich damit ihr Häuschen verdienen, das Studium oder die Rente aufbessern. Nicht zu vergessen adoptionswillige Paare, die sogar dafür zahlen, wenn es sein muss."

Richard: „Ein Kind als Einkunftsart. Na sauber. Ich habe eine Idee. Ich nehme auch ein Pflegekind, dann ist meine Reise finanziert."

Victoria: „Darüber macht man keine Witze, Richard. Es ist eine steuerfreie Einkunftsart, da hast du recht. Schließlich tut man ja Gutes. Viele Menschen glauben das auch. Zumindest solange, bis sie selbst betroffen sind. Die Zahlen sogenannter Inobhutnahmen steigen rasant an. Doch niemand schaut einmal genau nach warum das so ist. Die Geschichte der Kinder interessiert niemanden und sie werden auch nicht gefragt. In den Medien wirst du stets finden, dass die Kinder aus verwahrlosten Elternhäuser stammen oder die Eltern überfordert waren. Die Fälle, die auf sich aufmerksam machen können, werden als bedauerliche Einzelfälle abgetan. Korrigieren tut sie trotzdem niemand. Es ist eben bedauerlich. Für überforderte Richter und Jugendamtsmitarbeiter muss man Verständnis haben. Das Leid der Kinder und der Familien interessiert niemanden."

Richard: „Sind alle so?"

Victoria: „Nein, es sind nicht alle so. Es gibt auch Richter, die hinschauen, Jugendämter, die wirklich das Beste für das Kind wollen und Pflegeeltern, denen es nicht nur um das Geld geht. Aber sie sind in der Minderheit."

Richard: „Jetzt bin ich wirklich froh, dass ich Eltern habe. Dafür kann ich wirklich dankbar sein. Es ist zwar nicht alles bestens gewesen, aber so ein Schicksal blieb mir erspart. Wie ging es weiter, Victoria?"

Victoria: „Eltern geben in der Regel ihr Bestes, Richard, auch wenn es Ausnahmen gibt. Drumherum gibt es eine Familie. Selbst ein zu Hause, was nicht den Normen entspricht, ist oft besser als ein Heim. Ich habe viele dieser Einrichtungen besucht. Das Geld wäre in einer Familienhilfe, die hält was der Name verspricht, besser angelegt."

Richard: „Wie ging es der Kleinen damit? Fremdes Land und neue Umgebung?"

Victoria: „Meine Enkeltochter hatte alles, was sie wollte. Ihre Großmutter. Sie ging in den Kindergarten, wir lebten in einem schönen Haus und sie hatte Spielgefährten. Wenn es finanziell möglich war, fuhren wir in den Urlaub. Niemand übte mehr Druck aus auf sie, sie fühlte sich nicht mehr ausgeliefert und machtlos. Sie blühte auf. Nur manchmal legte sich ein Schatten auf ihr Gesicht. Sie hatte Vorahnungen was passieren würde. ‚Meine böse Mama aus Berlin wird mich holen.' Das war einer ihrer Sätze. Ich konnte sie zwar stets beruhigen, aber die Vorahnung blieb und ich selbst hatte sie auch. Was im Dunkeln blieb, war das wie."

Richard: „Und dein Mann?"

Victoria: „Blieb in Deutschland und tat was er konnte. Aber das war zu wenig für mich. Ich stand allein. Mehr möchte ich darüber nicht erzählen."

Richard: „Das ist in Ordnung. Keine leichte Zeit für dich."

Victoria: „Alles noch das Vorspiel, Richard. Meine finanzielle Situation besserte sich. Wir kamen gut über die Runden. Doch ich hatte zu diesem Zeitpunkt keine Ahnung was hinter meinem Rücken gespielt wurde. Das erfuhr ich alles erst viel später, nach meiner Verhaftung."

Richard: „Verhaftung?"

Victoria: „Ja, du sitzt hier mit einer Kriminellen, zumindest aus deutscher Sicht. Aus der Sicht des Landes, in dem ich lebte, sitzt du hier mit einer Nichtkriminellen. Du kannst dir also aussuchen, mit wem du hier lieber sitzt." Victoria grinst.

Richard: „Hä, wie geht das denn? Das ist ein Scherz?"

Victoria lacht laut auf. „Nein, es ist keiner."

Victoria: „Drei Jahre waren inzwischen vergangen. Davon lebte ich zwei Jahre und fünf Monate in diesem fremden Land. Gelegentlich war ich auch in Deutschland und nicht nur zu Gerichtsterminen. Die Kleine war inzwischen fünf Jahre und acht Monate alt."

Richard: „Stopp, genauso alt wie du warst, als du deine Großmutter verlassen musstest."

Victoria: „Das stimmt. Mein Mann war inzwischen nachgezogen. Den Wohnsitz in Deutschland haben wir behalten. Er wollte nicht allein sein, war seine Begründung. Tatsächlich war es anders, aber auch das habe ich erst hinterher erfahren und es spielt jetzt keine Rolle mehr. Eines abends, die Kleine war gerade im Bett, klopfte es an der Tür. Mein Mann öffnete. Herein stürmte die Polizei und kurz gesagt, sie verhaftete mich und mein Enkelkind. Der Vorwurf, ich hätte das Kind entführt."

Richard: „Aber du hattest das Sorgerecht."

Victoria: „Das hat niemanden interessiert."

Richard: „Und warum nur du und die Kleine? Was ist mit deinem Mann?"

Victoria: „Für ihn gab es keinen Haftbefehl und jetzt denke dir deinen Teil."

Richard: „Das kann ich nicht glauben. Er ist dein Mann."

Victoria: „Gewesen. Nun, die zuständige Beamtin, die mich dann verhörte, wollte, dass die Kleine bis zur endgültigen Klärung bei mir bleiben konnte und sie versuchte alles. Doch es wurde von höherer Stelle abgelehnt. Meine Enkeltochter kam in eine Noteinrichtung und ich durfte heim. Von da an habe ich sie nicht mehr sehen dürfen. Es hätte eine Gerichtsverhandlung geben müssen. Es gab keine. Das zuständige Jugendamt schaute sich die Papiere, die eindeutig belegten, dass ich das Aufenthaltsbestimmungsrecht hatte, nicht einmal an. Ein paar Tage später wurde die Kleine von einem Jugendamtsmitarbeiter aus der Nähe von Berlin abgeholt. Still und heimlich. Die Kleine wehrte sich und wollte nicht mitgehen. Sie hielt sich am Türpfosten fest. Man zwang sie dazu. Schließlich ist Deutschland ein Rechtsstaat. Man muss nichts überprüfen. Wieder einmal wurden die Gesetze nicht eingehalten. Ich war die Kriminelle und darüber hinaus wurde bei den Behörden des Landes, in dem ich lebte, verbreitet, dass ich psychisch krank sei. Die eigentlichen Kriminellen laufen heute noch frei herum."

Richard ist aufgesprungen und läuft um den Pavillon herum. Dabei murmelt er leise erregt vor sich hin: „Das kann doch nicht sein. Ich kann das nicht glauben."

Victoria: „Soll ich lieber aufhören?"

Richard: „Nein, ich muss nur meine Erregung etwas dämpfen. So etwas hätte ich nicht für möglich gehalten."

Victoria: „Beruhige dich. Ich auch nicht. Mir musste es auch erst passieren. Das geht im Übrigen jedem so. Wer gibt schon leichtfertig seine Werte und Moralvorstellungen auf?"

Richard setzt sich wieder. „Ich weiß nicht, ob ich das ausgehalten hätte. Man kriminalisiert dich, um an das Kind zu kommen. Es ist unfassbar."

Victoria: „Ja und das können sie gut. Nachdem ich wieder daheim war, war ich drei Tage nicht fähig zu sprechen. Ich hatte keine Stimme mehr. Ich lag auf meinem Bett und starrte vor mich hin. Der hinzugerufene Arzt diagnostizierte einen Schock. Ich konnte nichts essen, nur trinken. Nach drei Tagen konnte ich zumindest krächzend etwas von mir geben. Ich rief meinen Chef an und bat um Urlaub. Ich bekam ihn solange ich wollte. Inzwischen war die Polizei auch bei ihm gewesen. Dann ging ich zum Jugendamt. Dort bekam ich nur die Mitteilung, dass ich die Kleine nicht sehen dürfe. Freunde von mir brachten jeden Tag Sachen und persönliche Dinge in die Einrichtung. Hinein durften sie nicht. Zu diesem Zeitpunkt ging ich noch davon aus, dass eine Gerichtsverhandlung alles aufklären wird. Doch die fand nicht statt. Niemand sah sich die Urteile und Beschlüsse an. Meine Enkeltochter hatte keine Chance. Sie wurde nach Deutschland entführt, denn das Aufenthaltsbestimmungsrecht hatte ich. Vor meinem Haus stand die Polizei. Ich wurde überwacht. Meine Tochter triumphierte. Das Kind entführt, das hatte sie geschafft. Jetzt musste die Mutter nur noch in den Knast oder in die Psychiatrie gebracht werden, dann hatte sie ihr Werk vollendet. Schließlich hatte sie die Justiz auf ihrer Seite. Der Schock wich einem Trauma und dieses schützte mich. Ich versuchte zunächst alles, um meinem Enkelkind zu helfen. Als man mir dann mitteilte, dass sie bereits in Deutschland sei, stellte ich Rückführungsanträge, Umgangsanträge usw. Entweder wurden sie nicht bearbeitet oder so schleppend, dass Jahre vergingen. Sie spielten auf Zeitablauf. Der hatte vorher keine Rolle gespielt. Schließlich rief ein Mitarbeiter des Jugendamtes aus der Stadt, in der ich lebte, in Deutschland beim Jugendamt an. Man versprach, dass ich Umgangskontakt zu meiner Enkeltochter bekommen würde. Ich bekam ihn nie. Dann kam die Mitteilung der Staatsanwaltschaft, dass ich unschuldig sei. Deshalb sitzt du jetzt mit einer Nichtkriminellen hier, Richard. Doch Deutschland wollte meine Verurteilung und verlangte meine Auslieferung. Da ich meinen Lebensmittelpunkt nicht in Deutschland hatte, war Deutschland nicht zuständig. Die Rechtsprechung des Europäischen Gerichtshofes ist dahingehend eindeutig. Doch auch darüber ging man hinweg. Ich kämpfte ein Jahr lang gegen diese Auslieferung. Dann erging der Beschluss freiwillig ausreisen oder Auslieferung. Ich wählte freiwillig ausreisen. Der internationale Haftbefehl wurde nicht aufgehoben. Ich hatte zu diesem Zeitpunkt keine Papiere mehr, denn mein Pass war abgelaufen und man verweigerte mir einen Neuen. So war ich dann illegal in einem EU-Land unterwegs."

Richard: „Das geht? Als EU-Bürger illegal?"

Victoria: „Ohne Ausweispapiere bist du überall illegal."

Richard: „Warum wurde der Haftbefehl nicht aufgehoben?"

Victoria: „Damit ich das Land nicht verlassen konnte. Deutschland hatte Angst, dass ich flüchte. Ich saß im offenen Vollzug in einem EU-Land. Aber es ist ein schönes Land, das muss man schon sagen. Verhaftet wurde ich übrigens laut Haftbefehl, weil ich mein Haus in Deutschland verlassen hatte. Um den Haftbefehl ausstellen zu können, hatte man mich von meinem Wohnsitz in Deutschland von Amtswegen abgemeldet. Ich wurde darüber nicht informiert. Mit völlig falschen Angaben hatte man mich in der Sendung Aktenzeichen XY gesucht. Auch dort wurde gelogen was das Zeug hält und ich als Kindesentführerin dargestellt. Die meisten Menschen glauben das. Niemand hinterfragt so eine Sendung. Man stellte bei Youtube ein Video ein, in dem das Gleiche behauptet wurde. Dazu wurden Fotos von mir benutzt. Eigentlich strafbar oder? Ich erfuhr auch, dass die Richterin mir verboten hatte Deutschland zu verlassen. Ich war zu diesem Zeitpunkt allerdings schon eine Weile weg."

Richard schaut Victoria mit offenem Mund an. „Ich wäre Tode gestorben und nicht nur einen. Wie überlebt man so etwas?"

Victoria: „Wie gesagt mein Trauma schützte mich. Ich lebte wie in einer Blase und war ausgesprochen ruhig. Ich suchte Mitglieder der Europäischen Kommission und Parlamentarier des Europaparlaments auf. Doch jedem waren die Hände gebunden. Niemand konnte etwas tun. Auch die UN nicht und der Kommissar für Menschenrechte. Mein Schicksal interessierte mich nicht. Aber meiner Enkeltochter musste geholfen werden. Es ging ihr schlecht. Man versuchte sie zu ihrer Mutter zurückzubringen. Sie rebellierte. Ihre Mutter sperrte sie ein und schlug sie. Dafür gibt es Zeugen. Die Pflegeeltern waren nicht besser. Sie versuchte wegzulaufen, doch man fing sie ein und sie kam in die Psychiatrie. Zu ihrer Mutter wollte sie nicht, also brachte man sie in ein Kinderheim.“

Richard: „Woher weißt du das alles?“

Victoria: „Es gibt immer noch Menschen auf dieser Welt. Die Betonung liegt auf Menschen. Ich wusste stets wo sie ist, auch wenn man mich manchmal glauben lassen wollte, dass sie woanders ist.“ Ein leichtes Lächeln umspielt Victorias Gesicht.

Richard: „Warum hast du sie dir nicht zurückgeholt? Du hattest das Aufenthaltsbestimmungsrecht.“

Victoria: „Hätte ich können. Was glaubst du, was dann passiert wäre?“

Richard: „Sie hätten dich wieder gejagt wie einen Hasen.“

Victoria: „Richtig, es geht hier um das Gericht, nicht um ein Kind und sein Schicksal. Außerdem, Richard, was hätte es gebracht. Die Kleine war schon zweimal traumatisiert worden. Das erste Mal als ihre Mutter sie weggab und das zweite Mal bei unserer Verhaftung. Wie viele traumatische Erfahrungen hält ein Kind aus? Nein, ich wollte kein neues Trauma für sie. Ich hoffte und betete, dass sie einen Weg für sich findet durchzuhalten. Dass sie ihn fand, bestätigten mir die Berichte von Gericht, Jugendamt und Verfahrenspflegern. Ich wusste, ich hatte alles richtig gemacht. Das war übrigens das Einzige, was mich an diesen Berichten tatsächlich interessierte.“

Richard: „Und was war mit dir und deinem Mann?“

Victoria: „Ich bin immer schon sehr konsequent gewesen. Da saß er nun und jammerte und jammerte. ‚Was sollen wir denn nun tun?‘ Ich habe mir das nicht mehr anhören können. Eines morgens saß ich ihm am Tisch gegenüber und dachte: ‚Entweder, ich nehme jetzt meine Sachen und gehe oder ich erschlage ihn mit einer Bratpfanne. Dann bin ich wenigstens wirklich kriminell.‘“

Richard fängt laut an zu lachen. Dabei klopft er sich vor Vergnügen auf die Oberschenkel. Tränen laufen über seine Wangen. „Victoria, das ist köstlich. Mit der Bratpfanne erschlagen zu werden, ist sicher ein amüsanter Tod.“ Victoria rollt mit den Augen. „Ha, ha, ich lach mich tot.“ Sie schüttelt schmunzelnd den Kopf. Richard kann sich nicht beruhigen. „Victoria, allein die Vorstellung ist das pure Vergnügen.“

Victoria schweigt. Endlich hat sich Richard wieder beruhigt. „Erzähl weiter. Entschuldige bitte.“ Victoria winkt ab. „Schon gut.“

Victoria: „Als er fort war, rief ich eine Freundin an. Sie kam sofort. Ich packte ein paar Sachen und ging mit ihr. Allein konnte ich zunächst nicht bleiben, also blieb ich bei ihr. Sie kümmerte sich um mich, denn essen konnte ich nach wie vor nichts. Darüber hinaus war ich noch in meinem Trauma gefangen und tat ein paar verrückte Dinge. Mein Arzt erklärte mir später, das sei völlig normal gewesen. Es war notwendig, um den Schmerz zu betäuben. Und nein, Richard, es gibt keine Einzelheiten. Mein Schutzengel hatte jedoch einiges zu tun, war aber stets zur Stelle. Nur soviel sei verraten. Meine Haare wurden kurz und rot gefärbt.“

Richard: „Rote Haare? Du? Kann ich mir nicht vorstellen. Dein Blond steht dir gut.“

Victoria. „Wer sich lange Haare kurz schneiden lässt und dann auch noch ein natürliches Blond rot überfärbt, der hat einen gravierenden Einschnitt in seinem Leben hinter sich. Man fühlt sich schuldig. Und ja Schuldgefühle hatte ich, weil ich die

Kleine nicht habe schützen können. Hatte ich aber nur drei Monate so, dann wurden sie wieder blond."

Richard: „Aber so ganz allein, Victoria. Das ist doch auch nicht gut in so einer Situation. Da schlägt die Einsamkeit zu."

Victoria: „Richard, es war eine Tatsache und absolute Realität. Ich war allein und zwar nicht erst seit meinem Auszug aus der gemeinsamen Wohnung. Das erste Mal in meinem Leben allerdings völlig allein. Ich hatte nichts mehr und war völlig auf mich zurückgeworfen. Ich hatte keinerlei Erfahrung wie man mit so einer Situation umgeht. Einsam war ich jedoch nicht. Mein soziales Umfeld war mir geblieben. Die verstanden selbst die Welt nicht mehr. Doch in mir spürte ich den starken Wunsch aufzuräumen und mein Leben neu zu ordnen. Aber wie? Tabularasa oder Schritt für Schritt? Wie lange dauert so etwas?"

Richard: „Aufräumen oder?"

Victoria: „Ich saß in meiner Wohnung allein, neben mir ein paar meiner Sachen und das Notwendigste, was man an Möbeln braucht. Die Sachen meiner Enkeltochter verschenkte ich. Nur die für sie wirklich wichtigen Dinge habe ich behalten. Ich saß also da und wartete auf meine Auslieferung nach Deutschland. Ausgang ungewiss. Der erste Schritt war für mich meine Angelegenheiten so zu regeln, dass ich jederzeit das Land verlassen konnte und bei einer Rückkehr noch etwas vorfand, wo ich anknüpfen konnte. Schließlich kannte ich den Termin für meine Auslieferung nicht. Der nächste Schritt war Ballast abwerfen. Von überflüssigen Dingen hatte ich mich schon getrennt. Die Trennung von meinem Mann stand noch aus. Mein Job war mir erhalten geblieben. So konnte ich für meinen Unterhalt aufkommen. Alles Weitere würde folgen, sobald mein Gerichtsprozess wegen einer nie stattgefundenen Entführung beendet sein würde."

Richard: „Eine Scheidung in so einer Situation? Victoria, du bist verrückt. Dann stehst du doch ganz allein da."

Victoria: „Richtig, Richard. Aber genau das wollte ich. Ich hatte es so satt, dass er ständig an mir klebte, ich die Entscheidungen traf, er davon profitierte und ich seine Blödheiten ausbaden durfte. Zwei Situationen tauchten immer wieder vor meinem geistigen Auge auf. Beide waren kurz vor unserer Verhaftung passiert. Es hatte einen Streit zwischen uns gegeben. Plötzlich stand die Kleine in der Tür. Sie war aufgewacht. Klein und zart stand sie im Türrahmen. Dann blickte sie ihn an und sagte: ‚Wann begreifst du endlich, dass es nicht um dich geht. Es geht um mich. Ich bin wichtig und nicht du.‘ Anschließend wandte sie sich an mich: ‚Trenn dich von ihm. Er ist nicht gut für uns.‘ Sprach es und verschwand. Ich saß fassungslos da und brachte kein Wort heraus. Er wollte sich aufregen und ihr nacheilen. Ich unterband es. Als wir verhaftet wurden und mit auf die Polizeistation mussten, stand er in der Tür. Ich hatte die Kleine an der Hand. Wir gingen an ihm vorbei. Als sie mitten in der Tür war, schaute sie ihn an und sagte: ‚Ich weiß es. Du bist schuld daran, dass sie uns holen. Du warst es.‘ Er wollte beschwichtigen, wollte abwiegeln, doch ich wusste, sie hatte recht. Da musste mir also ein kleines Kind zeigen, mit wem ich da eigentlich verheiratet war. In meinem selbstgewählten Alleinsein ist mir bewusst geworden, dass ich mit dieser Heirat alles falsch gemacht und die Verantwortung für mein Leben abgegeben hatte. Ich wollte einen Vater für mein Kind und einen Partner für mich. Doch ich war blind oder wollte es einfach nicht sehen, weil es zu schmerzlich war. Ich hatte keinen Partner für mich. Er wollte mich besitzen und wollte von mir profitieren und sich profilieren. Das ist keine Liebe. Fünfundzwanzig Jahre meines Lebens habe ich mir selbst gestohlen, weil ich so sein wollte wie alle anderen. Dabei ist jeder Mensch individuell und diese Individualität sollte man auch leben. Anders ausgedrückt, bleib authentisch und steh zu dir.“

Richard: „Ich weiß, Selbstliebe. Musste ich auch erst lernen. Liebe deinen Nächsten wie dich selbst. Doch die meisten Menschen haben vergessen, wie man sich selbst liebt und deshalb können sie auch andere nicht lieben. Das war auch für mich ein schwieriger Weg. Dranbleiben lohnt sich aber. Trotzdem, eine lange Zeit, Victoria. Die kann man nicht so einfach ausradieren."

Victoria: „Richard, glaube mir, es ist harte Arbeit, den Weg zurückzufinden, wenn man auf Abwege geraten ist. Doch diese Ehe musste beendet werden. Sie war falsch und fühlte sich von Anfang an falsch an. Hätte ich auf meine Intuition gehört, wäre ich zu diesem Zeitpunkt bereits weiter gewesen. Doch ich entsprach den Erwartungen anderer und beugte mich den gesellschaftlichen Normen. Der Preis dafür, mein Leben. Ich reichte also über einen Anwalt die Scheidung ein. Ihm teilte ich mit, dass ich niemals zurückkommen werde. Er verstand es nicht. Das hatte ich auch nicht erwartet. Er hatte es zu akzeptieren. Doch das tat er nicht. Ich hatte mir eine kleine Wohnung genommen. Mein gesamtes soziales Umfeld schaute regelmäßig nach mir und unterstützte mich wo es nur ging. Er ging zur Polizei und meldete mich als vermisst. Ich verweigerte ihm jede Auskunft in Bezug auf meine Wohnadresse. Über die Polizei erhielt er meine Adresse. Schließlich war ich noch mit ihm verheiratet. Er zog in meine Nähe und belagerte mich. Ich konnte nichts dagegen tun, blieb aber konsequent. Die Scheidung wäre in unserem Fall in zehn Tagen durch gewesen, aber er stimmte nicht zu. Er gab vor Gericht an, dass ich psychisch krank sei. Schließlich hatte ich gerade erst das Enkelkind verloren. Irgendwie eine klassische Behauptung vor Gericht, wenn man seine Ziele erreichen möchte. Die Richterin sah das zwar anders, gab seinem Drängen aber nach und die Scheidung wurde um acht Wochen verschoben. Ich sollte es mir noch einmal überlegen. Da gab es aber nichts, was überlegenswert für mich gewesen wäre. Ich wollte die Scheidung und acht Wochen später war ich geschieden. Nur so am Rande, er hatte sofort wieder eine neue Frau an seiner Seite. Ich blieb allein."

Richard wirft grinsend ein: „Ja, wir Männer können eben schlecht allein sein." Er hebt dabei entschuldigend die Schultern hoch.

Victoria: „Ihr tut mir leid. Wirklich, Männer sind wirklich arme Geschöpfe. Nun gut, also die Scheidung war durch. Damit war ich auch ganz offiziell allein. Nun musste der

Gerichtsprozess noch bewältigt werden. Da wir beide ausgeliefert wurden und ich niemanden hatte, der mich nach Deutschland begleiten konnte, fuhr ich mit meinem nun Ex-Mann zu dem anberaumten Gerichtstermin. Auf der Fahrt dorthin hatten wir einen Verkehrsunfall. Die Verurteilung hätte sich fast erübrigt, denn es war haarscharf am Abgrund vorbei. Der Prozess ist in meiner Erinnerung als ‚Sagt mir, was soll es bedeuten' eingebrannt. Es tauchte plötzlich eine Schulklasse auf, die alle Plätze im Gerichtssaal einnahm. Sie waren mit einem Bus hingebracht worden. Man hatte uns je einen Pflichtverteidiger zur Seite gestellt, den ich aber gar nicht wollte, denn ich hatte einen Rechtsanwalt. Der einzige übrigens, der mir je wirklich zur Seite stand. Er hatte auch dafür gesorgt, dass der Haftbefehl aufgehoben wurde. Alle anderen richteten ihren Fokus lieber auf ihre Honorarnoten. Den Pflichtverteidiger wird man aber nicht los, also hatte ich zwei Rechtsanwälte. Neben mir saß ein Polizist mit einem Elektroschocker. Schließlich galt ich als psychisch krank. Es hatte im Vorfeld massive Proteste gegen diesen Prozess gegeben, denn Deutschland war gar nicht zuständig. Aber man gehört eben bestraft, wenn man sich der Obrigkeit widersetzt. Da saß ich also und sah mir das Schauspiel an. Ich wusste, dass ich nichts getan hatte und trotzdem saß ich auf diesem Stuhl und nicht die anderen, die das Kind tatsächlich entführt hatten. Ein Lichtblick waren die Schöffen. Die junge Staatsanwältin tat mir leid. Jung, unerfahren und keine Ahnung vom Leben. Ich habe die ganze Zeit nur gedacht, ob sie wohl ihr Kind später gleich in ein Heim abgibt. Letztendlich wurde ich verurteilt, weil ich, nach Meinung des Gerichts, das Kind dem deutschen Kulturkreis entzogen hatte und das Land, in dem ich lebte, eine Kindeswohlgefährdung darstellte. Ich traute meinen Ohren nicht. In dem Land, in dem ich lebte, wurde deutsch gesprochen. Dass ich das Aufenthaltsbestimmungsrecht hatte, interessierte niemanden. Der zuständige Jugendamtsmitarbeiter erschien nicht. Das hatte natürlich keine Konsequenzen für ihn. In der Pause versuchten alle Anwälte mich davon zu überzeugen, dass ich Reue zeigen sollte. Ich weigerte mich. Was hatte ich zu bereuen? Nichts. Doch sie beharrten darauf. Also tat ich, was sie verlangten. Dabei fragte ich mich, ob mir das tatsächlich jemand abkauft. Ich fühlte mich wie in einem schlechten Theaterstück. Wie der reuige Sünder sah ich nicht gerade aus. Schließlich wurde das Urteil gesprochen, ein Jahr Haft, ausgesetzt auf drei Jahre Bewährung. Weil ich wusste, dass auch eine höhere Instanz kein Recht sprechen würde, nahm ich das Urteil an. Ich wollte das eine Jahr Knast nehmen, aber mein Anwalt riet mir davon ab. Inzwischen war ein Freund aus meinem Wohnort eingetroffen und holte mich ab. Ich fuhr mit ihm heim. Damit war das Kapitel Ehe für mich endgültig abgeschlossen."

Richard: „Haft oder Bewährung? Vorbestraft bist du so auf jeden Fall. Aber was bringt das? Du lebst doch gar nicht in Deutschland. Wolltest du zurück?"

Victoria: „Zu keinem Zeitpunkt. Aber offenbar dachte man, dass ich zurückkommen würde. Schon allein wegen der Kleinen. Ich kehrte also zurück in mein Zuhause. Alle waren glücklich. Halt gab mir mein soziales Umfeld und mein Job. Die Firma war top. Doch so leicht gibt Deutschland nicht auf. Auch meine Tochter war wütend. So nah am Ziel und dann doch vorbei. Um mit dieser Situation klarzukommen, streckte ich meine Fühler in alle Richtungen aus. Ich traf wieder auf Parlamentarier, Rechtsanwälte, Jugendamtsmitarbeiter und Familienrichter. Ihre Erfahrungen waren für mich sehr hilfreich und gleichzeitig wertvoll. Ich half anderen Betroffenen, die genauso in das System geschlittert waren wie ich und keine Ahnung hatten, wie sie damit umgehen sollten. Es war schwierig zu helfen, doch ich schaffte es immer wieder. Es boten sich mir sogenannte Helfer an, die mir die Kleine zurückbringen wollten. Doch ich wollte das nicht. Ich sah Eltern und Großeltern, die am Ende ihrer physischen und psychischen Kräfte waren und eigentlich eine Therapie gebraucht hätten. So wollte ich nicht werden. Das Ganze belastete mich zusehends immer mehr. Dazu kamen die unzähligen Schreiben von den Gerichten. Stellungnahmen über Stellungnahmen mussten geschrieben werden. Ich wurde bezichtigt, eine Richterin beleidigt zu haben. Die Akteneinsicht wurde mir verwehrt. Ich musste in Deutschland einen Rechtsanwalt nehmen um Akteneinsicht zu erhalten. Und du wirst es nicht glauben, Richard, aber in der Akte war nichts. Eine höhere Instanz stellte das

Verfahren ein. Bei einer Verurteilung wäre die Bewährungsstrafe aufgehoben worden. Es war dringend erforderlich die Fäden zu durchtrennen, an denen ich hing."

Richard: „Wie geht so etwas, Victoria? Ich stelle es mir schwierig vor. Das ist wie bei einem Terrier. Der beißt sich auch fest."

Victoria: „Ich hatte ein langes Gespräch mit einem Parlamentarier, der auch Psychotherapeut war. Ihm erzählte ich meine ganze Geschichte. Am Ende des Gesprächs hatte ich einen Entschluss gefasst. Ich empfand Mitleid für sie."

Richard: „Was? Victoria, das kann nicht dein Ernst sein. Mitleid, ich wäre eher für einen Tritt in den Allerwertesten."

Victoria muss lachen. „Ja, das wäre auch eine Möglichkeit, aber die würde zu nichts führen. Ich hätte vielleicht etwas Frust ablassen können, aber das wäre es gewesen. Das tun die meisten Betroffenen. Der Kampf um das Kind wird ihr Lebensinhalt. Es gibt für sie nichts anderes mehr. Doch sie bleiben dabei auf der Strecke, merken es aber nicht einmal. An der Seite meiner Enkeltochter zu bleiben, war für mich wichtig, aber es bestimmte nicht mein ganzes Leben. Das Leben hat mehr zu bieten. Außerdem konnte ich auf meine Erziehung und meine Bindung zu ihr vertrauen. Angst hatte ich in manchen Momenten um sie. Aber jede Nachricht aus Deutschland bestätigte mir, dass sie es schafft. Ich hatte also alles richtig gemacht. Nein, die Herrschaften der Gegenseite taten mir leid. Die Damen und Herren Richter, die Jugendamtsmitarbeiter, der Gutachter, meine Tochter usw., usw., sie alle müssen es ein ganzes Leben lang mit sich selbst aushalten. Es war eine furchtbare Vorstellung für mich, so sein zu müssen wie sie. Stell dir das mal vor. Ich so wie sie. Unvorstellbar für mich. Ich aber konnte mich einfach umdrehen und gehen. Verstehst du? Genau das tat ich nämlich auch. Und nicht nur das."

Richard schüttelt den Kopf. „Nicht wirklich. Die lassen dich doch nicht einfach so vom Haken."

Victoria: „Müssen sie ja auch nicht. Das nehme ich ihnen ab. Ich hänge mich selbst ab."

Richard: „Victoria, wie soll das gehen? Die sind doch hinter dir her gewesen wie der Teufel hinter jeder Seele."

Victoria: „Das mag sein, aber erreichen sie mich auch?"

Richard: „Du meinst, ob dich das berührt?"

Victoria: „So ähnlich. Weißt du, was Resilienz ist?"

Richard scharrt unruhig mit den Füßen auf der Erde: „Nein, aber es hört sich nach einer Krankheit an. Pestilenz oder so."

Victoria: „Die Zeiten sind ja wohl hoffentlich vorbei. Nein, es ist keine Krankheit. Resilienz ist die innere Stärke eines Menschen."

Richard: „Na davon hast du ja eine Menge. Ich wohl eher weniger."

Victoria: „Stimmt, hatte ich schon immer. Aber man kann es lernen. Es ist nicht angeboren."

Richard: „Und genau an dieser Stelle hätte ich jetzt gern eine genaue Erläuterung. Das ist etwas, was ich mir zulegen sollte. Du sagst, man kann es lernen. Okay, das will ich."

Victoria lächelt in sich hinein, bevor sie fortfährt: „Gut, das wird dann ein etwas längerer Vortrag. Der **Optimismus** resilienter Menschen entsteht aus einer positiven Weltsicht und einem positiven Selbstkonzept. In Schwierigkeiten wird nach dem Guten gesucht, neue Situationen und Gegebenheiten werden als unerwartete Chancen gesehen und Enttäuschungen als Erfahrung gewertet. Unsere Grundhaltung und wie wir auf die Menschen in unserer Umgebung zugehen bestimmt unsere Wahrnehmung. Wir sehen, hören und verarbeiten bevorzugt die Anteile, die wir erwarten und unsere Vorannahmen bestätigen. Sich selbst positiv zu sehen, beruht auf dem grundsätzlichen Selbstvertrauen, dass Kräfte und Fähigkeiten mobilisiert werden können. Das Selbstwertgefühl ist nämlich weitgehend unabhängig von äußeren Einflüssen. Wer fest davon überzeugt ist, dass er es schaffen kann, ist viel eher bereit, erste, wenn auch kleine Schritte zu gehen und erhält dadurch Kraft für die nächsten, vielleicht schwierigeren Schritte. Sich seiner individuellen Stärken bewusst zu sein, stärkt wiederum das positive Selbstbild.

Akzeptanz üben heißt, all das zu integrieren, was mir das Leben bringt. Eine Grundvoraussetzung ist, unterscheiden zu lernen, was in meinen Einflussbereich fällt und was nicht. Jeder hat die Verantwortung für seine eigenen Gedanken, Gefühle und Taten. Akzeptanz bedeutet anzunehmen, was ich nicht beeinflussen und ändern kann. Wer bereit ist, durch diese Phasen von unerwarteten Ereignissen, unverhofften Wendungen oder nicht erfüllten Lebensentwürfen hindurchzugehen und seine Gefühle, wie Schmerz, Angst, Trauer zuzulassen mehrt seinen persönlichen Erfahrungsschatz und erntet inneren Frieden. Was hinter einem liegt, hat einen Sinn, der sich oft erst in der Rückschau erschließen lässt. Diese Erkenntnis bahnt den Weg zu Versöhnlichkeit gegenüber dem, was uns widerfährt, gegenüber anderen Menschen und nicht zuletzt uns selbst gegenüber mit unserer Biographie und all unseren erwünschten und unerwünschten Facetten.

Resiliente Menschen verwandeln Probleme in Möglichkeiten und Chancen. Sie lenken ihre Energie darauf, erwünschte Ergebnisse zu erzielen, Ressourcen zu aktivieren, Verbesserungen zu schaffen bzw. neue und kreative **Lösungen** zu erzielen. Jeder konstruiert seine eigene Wirklichkeit. Ob ich etwas als Problem oder als Chance wahrnehme, ist ein Ergebnis meiner eigenen Denkweise. Ziel ist, möglichst viele unterschiedliche Optionen zu entwickeln, um daraus eine angemessene Lösung zu wählen bzw. aus verschiedenen Ansätzen eine neue, spezielle Lösung zu kreieren. Resiliente Menschen haben die Fähigkeit, sich im Hinblick auf unterschiedliche Befindlichkeiten und Situationen angemessen zu verhalten, sich je nach Bedarf zu aktivieren oder zu beruhigen. Durch die Regulierung der Gefühle kann man seinen Gemütszustand in Balance bringen, zum Beispiel unter großem Druck ruhig und gelassen bleiben. Dies geschieht durch das Zusammenspiel beider Hirnhälften – dem schnellen Wechsel zwischen dem bewussten Verstand, der linken Hirnhälfte, und dem emotionalen Erfahrungsgedächtnis, der rechten Hirnhälfte. Diese Wirkungsweise beeinflusst sowohl welche Entscheidungen wir treffen als auch unsere Selbstmotivation. Resiliente Menschen haben wirksame Strategien mit Stress umzugehen.

Menschen, die über Resilienz verfügen, **übernehmen Verantwortung für ihre Gedanken, Gefühle und Handlungen und können ihren Einflussbereich gut abklären**. Es ist ein grundlegender Antrieb, möglichst viel Kontrolle über das eigene Leben zu haben. Es ist jedoch kaum vermeidbar, sich einmal in einer Opferrolle wiederzufinden; wie sehr und wie lange wir jedoch unter den Gegebenheiten leiden, entscheiden wir selbst. Nach einiger Zeit sammeln wir unsere Kräfte, um Schritt für Schritt die Teile zu verändern, die dem eigenen Einfluss unterliegen. Wir schränken uns selbst bzw. andere nicht mit Schuldzuweisungen ein, dürfen auch Fehler machen und nehmen unser Leben in die Hand.

Resiliente Menschen wissen um die Bedeutung **qualitätsvoller Beziehungen**. Solche aufzubauen und zu pflegen, getragen von Empathie und Wertschätzung erzeugen Synergieeffekte, schaffen Netzwerke unterschiedlicher Natur und bilden durch das Vermitteln von Zugehörigkeit einen stabilisierenden Faktor in ihrem Leben. Statt alles alleine zu bewältigen, schaffen sie sich unterschiedliche Stützsysteme und ein Umfeld, in dem sie auf vielfältige Ressourcen zurückgreifen können. In resilienten Beziehungen herrscht eine Balance von Nehmen und Geben. Die Menschen sind bereit, Wissen und Fähigkeiten in die Gesellschaft einzubringen und schöpfen aus diesem Engagement wieder Kraft für sich selbst.

Für resiliente Menschen bedeutet die **Zukunft** unabhängig von ihrer Vergangenheit neue Chancen und Möglichkeiten. Sie setzen von sich aus Initiativen und steuern ihre eigene Entwicklung. Dabei überprüfen sie Denkgewohnheiten und Vorannahmen, denn wir verhalten uns unbewusst so, dass unsere Einschätzungen möglichst bestätigt werden. Mit klarer Zielsetzung und Evaluierung der einzelnen Abschnitte verlieren resiliente Menschen die entscheidenden Absichten nicht aus den Augen. Visionen und überdauernde Wertevorstellungen geben Orientierung. Die schöpferischen Ideen des

Unbewussten und der brennende Wunsch, sie zu verwirklichen, geben eine ungeahnte Kraft, Hindernisse zu überwinden und Rückschläge zu verkraften. Soweit der theoretische Teil. Doch auch in der Praxis funktioniert das wunderbar."

Richard stöhnt kurz auf: „Du willst mir also allen Ernstes erzählen, dass man das lernen kann? Das glaube ich nicht. Es hört sich komplex an."

Victoria: „Doch, man kann. Ich sage dir auch wie. Resilienz ist bei jedem Menschen unterschiedlich stark ausgeprägt. Die Grundlagen dafür werden in der Kindheit gelegt. Wer als Kind Wertschätzung, Ermutigung und Unterstützung erfährt, wird psychisch widerstandsfähiger werden. Schön, dass ich eine liebevolle Großmutter hatte. Aber auch im Erwachsenenalter kann die psychische Widerstandsfähigkeit noch verbessert werden. Doch es braucht Zeit, um verfestigte Denk- und Handlungsmuster zu verändern. Also sei nicht ungeduldig mit dir, wenn es nicht gleich so klappt, wie du es dir vorstellst. Übe das Unvermeidbare zu akzeptieren, also alles was du nicht ändern kannst. Dass du älter wirst zum Beispiel, oder eine unangenehme Aufgabe, die es zu erledigen gilt. Suche nach dem Nutzen oder stelle dir vor, dass es noch schlimmer hätte kommen können."

Richard wirft ein: „Was soll denn der Vorteil an einer unangenehmen Aufgabe oder am Älterwerden sein? Die grauen Haare und die faltige Haut?"

Victoria bleibt ernst: „Nein, aber du wirst mit zunehmendem Alter reifer und erfahrener. Und eine unangenehme Aufgabe ist weniger unangenehm, wenn man sich vorstellt, dass sie noch viel viel unangenehmer hätte sein können. Du wirst gelassener. Nimm alle positiven glücklichen Gefühle intensiver wahr als die negativen. Schreib jeden Tag einfach drei positive Erlebnisse auf."

Richard: „Gut, dann fange ich gleich einmal damit an. Für heute habe ich schon ein positives Erlebnis. Ich habe dich getroffen. Ich habe auch noch ein zweites. Ich sitze unter einer Platane, deren Blätterdach mir einen Blick auf den sternenübersäten

Himmel erlaubt. Das ist herrlich romantisch. Der Tag hat erst angefangen. Das dritte positive Erlebnis kommt also noch." Richard zwinkert Victoria zu.

Victoria: „Du lernst es schon noch. Sei auch in schwierigen Situationen optimistisch. Wenn dir zum Beispiel ein Reifen am Rad platzt, dann glaube daran, dass jemand vorbeikommt und dir hilft oder dass du ihn allein reparieren kannst. Schätze dich selbst. Du hast mir gesagt, dass du leer und ausgebrannt warst. Wahrscheinlich konntest du nicht ‚NEIN' sagen, oder?"

Richard nickt nur stumm.

Victoria: „Nun, du hättest dir einfach selbst sagen können: ‚Ohne mich bricht die Bude hier zusammen'. Das steigert dein Selbstwertgefühl. Beurteile Situationen nicht nach ‚Glück oder Pech gehabt'. Sondern sei dir bewusst, dass du dein ‚Schicksal' beeinflussen und steuern kannst. Geh aus der Opferrolle raus und übernehme Verantwortung. Ausgenommen ist natürlich der Tod. Den kann niemand beeinflussen. Vertrau auf deine Kompetenz, sei offen für eine Veränderung und zeige auch bei Rückschlägen Durchhaltevermögen. Ganz wichtig ist auch das soziale Umfeld. Je größer und stabiler das soziale Netz, desto mehr kann mit Unterstützung und Hilfe gerechnet werden. Die Hilfe muss noch nicht einmal in Anspruch genommen werden, damit sie die psychischen Belastungen mildert. Allein die Aussicht, dass das soziale Netz Hilfe leisten kann und wird, stärkt die psychische Widerstandsfähigkeit. Ich weiß, wovon ich rede. Wer anderen gegenüber freundlich und hilfsbereit auftritt, erhält auch Hilfe und Unterstützung zurück. Pflege deine sozialen Beziehungen und mache ‚Einzahlungen' auf dein Sozialkonto. Sei freundlich, hilfsbereit und aufmerksam. Geh respektvoll mit den Personen um, mit welchen du zu tun hast und spare nicht mit Lob und Anerkennung. Wenn du Hilfe und Unterstützung nötig hast, kannst du mit einer ‚Rückzahlung' rechnen."

Richard: „Eigentlich ist es gar nicht so schwer, aber im Alltag ist es wohl schwierig umzusetzen."

Victoria: „Man kann es wirklich lernen, auch wenn es eine Weile dauert."

Richard: „Wie hat dir das beim Umgang mit der deutschen Justiz geholfen?"

Victoria: „Es war nicht das einzige, was mir geholfen hat. Angriffe gab es viele. Sogar die Website für die Kleine wurde auf behördliche Anordnung geschlossen. Ich machte einen Blog für sie auf und parierte alle Angriffe mit Bravour. Zehn Jahre lang widerstand ich. Dann wurde ich von einem Landgericht im hohen Norden angegriffen. Man erfand einfach eine Persönlichkeitsrechtsverletzung. Damit lässt sich viel Geld verdienen. Die Urteile scheinen aus Textbausteinen zu bestehen, denn sie sehen alle gleich aus. Ich sollte zweihunderfünfzigtausend Euro Strafe zahlen oder sechs Monate in Haft, wenn ich zwei Artikel auf dem Blog nicht entferne. Das Ganze mal zwei natürlich. Dazu kamen die Gerichts- und Anwaltskosten. Man wollte mich dazu zwingen, einen deutschen Anwalt zu nehmen. Einen, der natürlich nicht meine Interessen vertreten würde, aber Kosten verursacht. Ich teilte dem Gericht mit, dass ich das auch vor einem Landgericht nicht muss. Doch wie immer wurde diese rechtliche Tatsache ignoriert. Es passte nicht in ihr Konzept. Ich beugte mich nicht. Pikant an der Geschichte ist, dass ich für den einen Artikel gar nicht verantwortlich zu machen war, denn erstens kam er nicht von mir und zweitens handelte es sich um einen Zeitungsartikel einer großen deutschen Zeitung. Es waren nachweisbare Tatsachen, die dort beschrieben wurden. Das Landgericht war aufgrund internationaler Zuständigkeit gar nicht zuständig. Das sagte es sogar selbst in seinem Beschluss. Das war im ersten zumindest noch so. Die weiteren sagten dann plötzlich etwas anderes aus. Das ist allerdings generell so. Für ein und denselben Sachverhalt, wirst du immer verschiedene genau entgegengesetzte Urteile finden. Je nach Richter eben. Man nennt das richterliche Unabhängigkeit, hinter der man sich gern versteckt, wenn man keine Argumente mehr hat. Je nachdem, was das Ziel ist, wird ein entsprechendes Urteil aus der Trickkiste herausgeholt. Bei deiner Gegendarstellung musst du also nur das passende Gegenstück dazu finden. Glaube mir, es findet sich. Es ist ein Glücksspiel. Wahrscheinlich hättest du beim Würfeln mehr Erfolg. Ich spielte mit dem Gedanken sechs Monate in Haft zu gehen. Einfach deshalb, weil ich die Auslieferungsprozedur noch einmal erleben wollte. Doch ich wählte einen anderen Weg. Der hatte mehr Potential für mein Wachstum. Der Anwalt hat vermutlich deshalb das Landgericht ausgewählt, da er hier ein höheres Honorar abrechnen konnte. Beim Amtsgericht gibt es nicht soviel. Dann natürlich auch gleich zweimal das gleiche Gericht, obwohl die Fälle in unterschiedlichen Regionen ansässig waren. Aber wenn es denn schon einmal behilflich war, wird es wohl auch ein zweites Mal behilflich sein. Man drohte mir, dass man die Geldforderung mit einem europäischen Zahlungsbefehl durchsetzen werde. Da habe ich aber gezittert."

Richard: „Echt jetzt. Hattest du Angst?"

Victoria: „Nein, natürlich nicht. Ich habe mich totgelacht. Irgendwie begriffen sie es nicht. Man hatte mir bereits alles weggenommen und ich hatte mir alles wieder zurückgeholt. Das schaffe ich auch noch ein nächstes Mal. Es war lächerlich. Prompt kam dann auch ein Kostenfestsetzungsbeschluss. Das Verfahren war noch nicht einmal beendet. Zahlen sollte ich trotzdem schon. Das war die gleiche Vorgangsweise wie vorher beim Amts- und Oberlandesgericht. Damit hatte ich große Erfahrung und deshalb einen Heidenspaß. Auch dafür hatte ich gute Lehrer. Winston Churchill und den Stierkampf. Nur ist am Ende niemand tot. Du weißt schon, das rote Tuch - es reizt, der Stier kommt angerannt und der Matador geht zur Seite. Was passiert mit dem Stier?"

Richard: „Er läuft ins Leere. Spann mich nicht so auf die Folter."

Victoria: „Richtig. Wie bekommt man das hin? Beispiele gefällig?"

Richard nickt aufgeregt. „Ich lerne in dieser Nacht mehr als in meinem gesamten bisherigen Leben. Wahnsinn." Dabei reibt er sich vergnügt die Hände.

Victoria: „Jemand geht dich mit Worten an und du weißt, dass dein Gegner eine Gegenattacke erwartet. Überrasche ihn, indem du ihm recht gibst. Übertreibe es dabei ein wenig, so läuft sein Angriff ins Leere. Wenn er zum Beispiel sagt: ‚Sie wissen wohl immer alles besser', antwortest du: ‚Stimmt. Selbst das weiß ich'. Dein Gegner wird überrascht sein und du hast das Heft wieder in der Hand. Ein anderes Mal gehst du wieder ganz konstruktiv mit den Einwänden um. Wenn du mit einem zynischen oder ironischen Satz attackiert wirst, kannst du dem Angriff ausweichen, indem du ihn bewusst falsch verstehst. Lass dein Gegenüber aber merken, dass du nicht so dumm bist, den Angriff nicht zu bemerken, sondern zeige ihm, dass du ihn mit voller Absicht ins Leere laufen lässt. Klassisch, dich betitelt jemand mit „Vollidiot", was sagst du dann?"

Richard fragend: „Selber einer?"

Victoria: „Nein, dann gehst du ja auf ihn ein. Richtig wäre die Antwort: ‚Angenehm, Müller', falls du so heißt."

Richard stutzt kurz, dann lacht er laut los. „Das merke ich mir", sagt er unter Tränen, doch immer noch schallend lachend. „Der war echt gut."

Victoria: „Du kannst den Angriff auch einfach nur ignorieren und gar nichts tun oder über ihn hinweggehen. Ignoranz ärgert am meisten, vor allem Leute die beachtet werden wollen. Die vielen Willi Wichtig auf dieser Welt. Bist du gut in Sachen Rhetorik, hilft sie dir weiter. Ich habe sie ausgiebig studiert. Du kannst den Ball auch einfach zurückspielen. Greife die Bemerkungen deines Angreifers auf und richte sie gegen ihn. Ein Beispiel wäre: ‚Na, heute wieder besonders fleißig?' – ‚Ja, ganz im Gegensatz zu Ihnen'. Ein sehr erfolgversprechender Trick ist die Bestechung in Form von Schmeichelei oder übertriebener Höflichkeit. Der andere fühlt sich dann verpflichtet ebenfalls höflich zu sein. Lass dich selbst nicht manipulieren durch solche Tricks. Immer schön bei dir bleiben. So kann man den Terror ins Leere laufen lassen. Funktioniert nicht immer, aber man muss auch verlieren können. Dann nimm es einfach sportlich. Mal gewinnt man, mal verliert man. C'est la vie – So sind wir, so ist das Leben."

Richard: „Dann hast du das also spielerisch gelöst."

Victoria: „Zum Terror gehören immer mindestens zwei. Jemand, der terrorisiert und jemanden, der sich terrorisieren lässt. Ich hatte trotz aller Belastungen jedes Mal meinen Spaß, ich habe dazugelernt in Sachen Juristerei und war besser als jeder Anwalt und es hätte doch schlimmer kommen können, oder? Darüber hinaus müssen sie mich ja wirklich gemocht haben. Schließlich schreibt man nicht jedem so viele Briefe und möchte dann auch noch eine Antwort."

Richard lacht erneut laut auf. „So kann man es auch sehen. Und der Blog ging vom Netz."

Victoria: „Zunächst stellte ich ihn auf privat um. Dann wurde er überarbeitet, vermehrte sich und wurde wieder öffentlich."

Richard: „Haben sie dich irgendwann in Ruhe gelassen?"

Victoria: „Sie sind schlechte Verlierer. Dabei hatten sie schon vor langer Zeit verloren. Nur mit dem Zugeben ist das so eine Sache. Schließlich muss man das Gesicht wahren. Sie haben das Kind entführen und traumatisieren können, aber die Bindung konnten sie nicht kappen. Bei jedem Antrag sagte das Kind das Gleiche. Es will zur Großmutter. Sie verweigerte den Umgang zur Mutter und schon gar nicht wollte sie zu ihr zurück. Das ging sogar soweit, dass ein Verlag ein Kinderbuch für die Kleine vom Markt nehmen musste."

Richard: „Du schreibst Bücher?"

Victoria: „Unter anderem, ja. Es war mein erstes Kinderbuch und hatte Albträume zum Thema. Es sollte das Weihnachtsgeschenk für meine Enkeltochter sein. Ganz vorn war ein Cartoon abgebildet, also eine Zeichnung von einem Bild meiner Enkeltochter. Die Mutter behauptete das Sorgerecht zu besitzen und verlangte das Entfernen des Bildes. Sie drohte mit rechtlichen Schritten und der Verlag zog das Buch zurück. Das Bild war acht Jahre alt."

Richard. „Spinnt die? Die ist ja mit dem Klammerbeutel gepudert."

Victoria lacht: „Ich wäre nicht Victoria, wenn mir nichts einfallen würde. Das Buch erschien neu in den USA. So weit reichte ihr Arm dann doch nicht." Sie schmunzelt dabei und ein spitzbübisches Grinsen macht sich in ihrem Gesicht breit.

Richard: „Du hast immer Lösungen, Wahnsinn. Du bist zu beneiden und zu bewundern."

Victoria: „Es gab auch Neider, Richard. Neid und Missgunst sind weit verbreitet. Resilienz macht es aber auch möglich damit umzugehen. Aber es waren noch andere Dinge zu tun."

Richard: „Moment mal, Victoria. Wie findet man die Menschen, die einem in so einer Situation helfen können. Ich meine mental oder von mir aus auch spirituell. Nenne es wie du willst."

Victoria: „Du darfst dich nicht verstecken, Richard. Ich bin zu jedem Zeitpunkt offen mit meiner Lebensgeschichte umgegangen. Jeder in meinem näheren und weiteren Umfeld kannte meine Geschichte. So wie ich sie dir jetzt erzähle, habe ich sie jedem erzählt. Es hat sich niemand von mir zurückgezogen. Ganz im Gegenteil, ich bekam Hilfe und Unterstützung. Es waren immer zum richtigen Zeitpunkt die richtigen Menschen an meiner Seite. Einige nur eine Zeit lang, andere bis zum heutigen Tag. Und dann bekommst du plötzlich einen Zettel mit einem Namen und einer Telefonnummer in die Hand gedrückt. Du prüfst das Angebot, schaust ob es für dich stimmig ist und nimmst an oder lehnst ab. Manchmal hilft auch allein die Intuition weiter. Du musst nur offen bleiben."

Richard: „Sich öffnen bedeutet aber Verletzungsgefahr."

Victoria: „Richtig, doch mit Resilienz kannst du damit umgehen oder lernst damit umzugehen."

Richard: „Ein leichter Weg ist das nicht. Das bedeutet viel an sich zu arbeiten oder verstehe ich da etwas falsch?"

Victoria: „Nein, du verstehst es richtig. Es ist im weitesten Sinne ein sich selbst begreifen, sich annehmen wie man ist und aus Fehlern lernen. Um das Tal der Tränen kommst du nicht herum. Da musst du durch. Ebenfalls durch den Schmerz. Doch danach wirst du dich nicht nur freier und leichter fühlen, sondern siehst ganz klar deinen weiteren Weg und die nächsten Schritte vor dir."

Richard kratzt sich am Kopf. „Puh, ob ich das jemals hinbekomme? Ich weiß nicht."

Victoria: „Wo ein Wille da ein Weg. Mein Weg ist nicht der deinige, aber du wirst deinen Weg finden. Lass dir Zeit. Alles zu seiner Zeit."

Richard: „Das nehme ich jetzt mal so mit. Was hast du noch getan?"

Victoria: „Innerlich drohte es mich stets zu zerreißen, wenn ich Stellungnahmen von meiner Tochter las. Obwohl nur Lügen und Verleumdungen darin standen, nahm es mich jedesmal mit. Ich war schließlich nicht nur Großmutter, sondern auch Mutter. Es war höchste Zeit die Bindung endgültig zu kappen. Doch ging das überhaupt? Und wenn es ging, wie? Sie hatte ihre Chancen gehabt. Von ihrer Seite war nichts zu erwarten und eine Bindung von ihr zu mir bestand nicht, also durfte sie gehen. Ich wollte nicht mehr, dass sie Teil meines Lebens war. Ich sprach mit einer Freundin darüber. Sie nannte mir einen Mann, der seit über vierzig Jahren Erfahrung damit hatte, Probleme anderer Menschen zu lösen und zwar mit Hilfe der Quantenphysik und der Traumatherapie. Er war so alt, wie ich heute. Ein Mann reich an Lebenserfahrung und dabei sehr einfühlsam. Ich vertraute mich ihm an. Er hörte ganz ruhig zu und lud mich dann gemeinsam mit anderen zu einem gemeinsamen Wochenende in sein Haus auf dem Land ein. Er sagte mir, dass er zwei meiner ‚Knoten' lösen wird, den Rest würde ich allein schaffen, wenn ich mich mit meiner Familiengeschichte auseinandersetzen würde. In ihr liegt der Schlüssel zur Lösung meiner Probleme. Schließlich muss man wissen woher man kommt, um zu erkennen, wohin die Reise gehen soll. Sonst trudelst du durch die Welt, funktionierst irgendwie, ohne zu wissen, wer du eigentlich bist. Einer dieser Knoten, die er lösen wollte, war meine Bindung zu meiner Tochter. Dieses Wochenende war für mich sehr intensiv, emotional intensiv. Es waren Menschen dort, Frauen wie Männer, über die ich nur lächeln konnte. Sie beschäftigten sich mit Fragen wie: ‚Für welchen Mann soll ich mich entscheiden?' oder ‚Ist mein Beruf der richtige für mich?'. Sicher auch ernsthafte Fragen, doch im Vergleich mit den Problemen anderer eher ein Witz. Ich war der Gruppe der schwierigsten Fälle zugeordnet worden. Neben mir eine Frau, die als Kind missbraucht worden war und eine Ärztin, die nach Meinung der Schulmedizin unheilbar an Magenkrebs erkrankt war. Ich erspare dir mal die Einzelheiten. Es war jedoch ein unvergleichliches Erlebnis, auch wenn ich mich am Ende, wie durch den Fleischwolf gedreht fühlte. Er schaffte es. Meinem anfänglichen Misstrauen folgte ein befreiendes Lachen und mein Schweben wie auf Wolken bestätigte, Tonnen an Ballast waren weg. Von nun an berührte mich nichts mehr, was von ihr kam und sie war wie eine Fremde für mich. Eine emotionale Erpressung, wie bislang, war nicht mehr möglich. Mein Handeln änderte sich dadurch. Es wurde leichter und das blieb es auch. Rein rechtlich ist sie meine Tochter, aber sie gehört nicht mehr zu meiner Familie. Das sie meine Familie nie wieder betreten kann, dafür habe ich gesorgt. Sie hat sich selbst ins Aus geschossen und da wird sie auch bleiben. Nicht einmal erben wird sie etwas von mir."

Richard: „Hallo Victoria, Stichwort Pflichtteil?"

Victoria: „Auch den bekommt sie nicht. Alles ist geregelt. Sie kann sich noch so sehr bemühen. Der Erfolg wird sich nicht einstellen." Victoria lächelt leise vor sich hin.

Richard: „Kann man Bindung einfach durchtrennen?"

Victoria: „Einfach ist es nicht und es kann nur einer von den beiden, die miteinander verbunden sind, tun. In diesem Fall gab es nur von meiner Seite eine Bindung und ich wollte sie trennen. Sie hätte es auch tun können, aber da keine Bindung bestand, bestand auch keine Notwendigkeit für sie. Außerdem hoffte sie nach wie vor auf Geld von mir. Die zahlreichen Kostenfestsetzungsbeschlüsse für nie entstandene Kosten bewiesen es."

Richard: „Wie lange hat das alles eigentlich gedauert?"

Victoria: „Ungefähr vier Jahre für die Grobarbeiten und danach folgte ein jahrzehntelanges Feintuning. Es gibt auch heute noch Zeiten, die ein Nachjustieren erfordern. Ich denke es ist ein lebenslanger Prozess."

Richard: „Wow. Ich weiß nicht, ob ich das durchhalten würde."

Victoria: „Wenn du das Ziel vor Augen hast, wieder dein eigenes Leben führen zu wollen und die Kontrolle über dein Leben zurückzubekommen, hältst du es durch. Ich kann dir versprechen, dass es sich lohnen wird. Dein Leben erhält eine andere Qualität."

Richard: „Und deine Familiengeschichte? Ich weiß auch nicht viel über meine Familie. Meine Familie schweigt und wenn ich frage, sagen sie immer: ‚Das hat dich nicht zu interessieren. Es ist Vergangenheit und die soll man ruhen lassen.'"

Victoria: „Bis zu einem gewissen Grad stimmt das sogar. Doch es ist wichtig zu wissen, woher man kommt. Es kostet viel Kraft hinzuschauen. Doch habe ich dabei auch viel über mich selbst erfahren. Ich begann mit meinem leiblichen Vater. Meine Mutter war nicht sehr gesprächsbereit, aber da half die Geburtenrolle weiter. So fand ich noch lebende Verwandte, um genau zu sein Cousin und Cousine. Mein leiblicher Vater war mit fünfundfünfzig Jahren an Krebs gestorben. Sie erzählten mir viel über ihn und ich sah zum ersten Mal sein Gesicht auf einem Foto. Ich bin ihm wie aus dem Gesicht geschnitten, ebenso meine Enkeltochter. Auch er hat nie den Obrigkeitseid abgelegt. Viele Episoden aus seinem Leben belegen das. Ganz offenbar habe ich zumindest einen Teil meines Charakters von ihm. Und dann kam der Tag, an dem ich herausfand, dass wir beide, für eine kurze Zeit nur, zusammen in einer Firma gearbeitet haben. Ich hatte inzwischen durch Adoption einen anderen Namen und so konnte er mich nicht erkennen und ich kannte seinen Namen nicht. Verrückt oder? Da arbeitet man nebeneinanderher und weiß doch nicht wer der Nebenmann ist."

Richard: „Warst du traurig darüber, dass du ihn nicht kennenlernen durftest?"

Victoria: „Ein wenig. Doch ganz plötzlich bemerkte ich, dass da etwas in mir begann zu heilen. Immer war ich wegen meines Andersseins ausgegrenzt worden. Viele Menschen in meinem Umfeld ließen mich spüren, dass ich eigentlich nicht erwünscht war. Sogar meine Mutter. Solange man mich be- und ausnutzen konnte, war ich gut genug, aber sonst. Es verstärkte sich mein Gefühl, dass ich genauso wie ich bin richtig bin. Nichts an mir ist falsch. Das führte auch dazu, dass ich mein soziales Umfeld etwas genauer unter die Lupe nahm. Ich trennte mich von Menschen, die mir nicht mehr gut taten und machte das erste Mal in meinem Leben nicht mehr gute Miene zum bösen Spiel. Ich begann lautstark ‚NEIN' zu sagen. Das war man von mir nicht gewohnt. Dann erforschte ich meine Großeltern. Interessant waren für mich, ohne dass ich den Grund dafür hätte nennen können, meine Großeltern mütterlicherseits.

Richard: „Also noch lauter ‚NEIN' sagen als bisher. Hm. Da müssen ja einigen die Ohren wehgetan haben. Lass mich raten? Deine Großeltern waren Franzosen?"

Victoria lacht hell auf. „Fast richtig, Richard. Aber nicht meine Großeltern, sondern meine Vorfahren waren Franzosen. Das ist die Linie meiner Großmutter. Der andere Teil kam aus der Wallonie. Sagt dir das etwas?"

Richard schüttelt mit dem Kopf. „Nicht wirklich. Franzosen eben."

Victoria: „Nicht irgendwelche Franzosen. Es waren Hugenotten und Wallonen. Klingelt es jetzt?"

Richard: „Hugenotten? Das habe ich schon einmal gehört. Irgendetwas mit der Kirche. Aber Wallonen? Nie gehört."

Victoria: „Hugenotten sind französische Protestanten im Frankreich vor der Revolution. Seit dem Jahr 1560 verwendet man diese Bezeichnung. Ihr Glaube war stark vom Calvinismus, der Lehre Johannes Calvins, geprägt. Seit dem Jahr 1530 wurde die Glaubensausübung der Hugenotten durch den katholischen Klerus und den König stark unterdrückt. In der zweiten Hälfte des 16. Jahrhunderts folgten dann kriegerische Auseinandersetzungen. Die sogenannten Hugenottenkriege. Einer der Höhepunkte war die Bartholomäusnacht in Paris. Daraufhin begannen noch stärkere Verfolgungen, die unter Ludwig XIV. durch sein Edikt von Fontainebleau ab 1685 ihren Höhepunkt erreichten und eine Fluchtwelle von etwa einer Viertelmillion Hugenotten in die protestantisch dominierten Gebiete in Europa und Übersee auslösten. Meine Familie floh nach Deutschland. Zunächst nach Baden-Württemberg. Später nach Brandenburg. Die Verfolgung endete mit dem Inkrafttreten der französischen Verfassung 1791. Die Wallonen waren die ersten Glaubensflüchtlinge aus dem französischen Teil des heutigen Belgiens. Auch sie lebten die Lehre Calvins. So geschehen um 1560. Sie flohen in die Pfalz. Es waren überwiegend Handwerker. Sie brachten, wie man heute so schön sagt, neue Technologien mit. Waren aber genau wie die Hugenotten von den Einheimischen nicht gern gesehen. Andere Sitten und eine andere Kultur, also auch andere Werte, machten den Einheimischen Angst. Vor den Wallonen lebten in diesem Teil des heutigen Belgiens die Kelten. Ein kämpferisches Völkchen wie jeder weiß."

Richards Stirn liegt in Falten. Er unterbricht Victoria mit einer Handbewegung. „Victoria, kläre mich bitte auf. In Geschichte war ich eher schlecht. Die Lehre Calvins beinhaltet genau was?"

Victoria: „Jean Calvin, auch als Johannes Calvin bekannt, lebte von 1509-1564. Er war ein Reformator, der vor allem in Frankreich viele Anhänger fand. Aber auch in der französischsprachigen Schweiz, in Schottland und im heutigen Belgien verbreitete sich seine Lehre. Calvins Lehre unterscheidet sich stark von der Martin Luthers. Die Anhänger Calvins nannten sich ‚Reformierte'. Calvin glaubte an die Vorherbestimmung des Menschen, entweder zur Seligkeit oder zur ewigen Verdammnis. Am Erfolg auf Erden zeigt sich demnach, wer zu den von Gott Erwählten gehörte. Dies war dann für die Gläubigen der Ansporn, weltlichen Erfolg zu haben und förderte dadurch auch die Wirtschaft. Die Lehre Calvins, der Calvinismus, wurde so zu einer Antriebskraft für den Kapitalismus und dem Streben nach Gewinn. Seligkeit war nach Calvin aber auch nur durch strengen Glauben zu erreichen. Darum herrschte strenge Kirchenzucht in den calvinistischen Gemeinden. Ein frommes und sittenstrenges Leben wurde genauso erwartet wie Pflichterfüllung und Tüchtigkeit im Beruf. Tanz und Vergnügen waren verboten. Calvin regelte die Verwaltung der Kirche und ihre Stellung gegenüber den politischen Autoritäten. Damit legte er den Grundstein für die noch heute gültige Verfassung der Reformierten Kirche, deren Angelegenheiten von den Pastoren, den Doktoren, den Kirchenältesten und den Diakonen geregelt werden.

Calvin unterscheidet zwischen kirchlicher und politischer Macht. Die Kirche erhält bei ihm eine gewisse Unabhängigkeit vom Staat. Der Calvinismus war und ist ein fest eingesessenes System, das viele Menschen mit Freiheit, Fleiß und Befreiung verbinden. Befreiung von den Zwängen und falschen Lehren der damals herrschenden Kirche, die nicht wandlungsbereit war. Johann Sebastian Bach, aber auch Rembrandt, Dürrenmatt und Vincent van Gogh oder Oliver Cromwell, ehemaliger englischer Premierminister, und viele andere, waren stark vom Calvinismus geprägt. Der Calvinismus ist im Grunde eine umfassende Weltanschauung, die etliche Fragen zur Lebensführung und den Zusammenhängen der Welt beantwortet."

Richard: „Welche Fragen sollen das sein?"

Victoria: „Fragen der Wirtschaftsethik, der Lebensführung, der Souveränität Gottes, der Lehre von Gottes Bund, der Lehre der Gnade Gottes, der Errettung alleine durch Christus, der Erwählungslehre, der Frage nach dem freien Willen des Menschen, nach dem christlichen Leben allein zur Ehre Gottes und der Schöpfung durch den Schöpfer."

Richard: „Wow, du hattest wohl eine Eins in Geschichte?"

Victoria: „Richtig. Geschichte war für mich schon immer interessant."

Richard: „Aber was hat das jetzt mit dir zu tun?"

Victoria: „Nun, ich gebe dir ein paar Beispiele. Calvinistische Wirtschaftsethik brachte hart arbeitende Menschen hervor, die bereit waren, jeden Überschuss für soziale geistliche Projekte zu spenden. So entstanden Waisenhäuser, Krankenhäuser und viele soziale Einrichtungen. Reformierte Christen unterstützten jede Form von Staatssystemen, bevorzugten Staatssysteme mit Gewaltenteilung und

Kontrollfunktionen, da die Erfahrungen mit Aristokratien und Dynastien eher schlecht waren, weil gebündelte Macht zu leicht zu Missbrauch führte. So beeinflussten Calvinisten die Demokratisierung von vielen Staaten und prägten auch Staatstheorien. Luther und Calvin waren im übrigen in Bezug auf die Religionsfreiheit einer Meinung. Beide plädierten für die unbedingte Religionsfreiheit. Dies war in Europa jedoch sehr schwer umsetzbar. Die in der Unabhängigkeitserklärung Amerikas erwähnten Menschenrechte, wurden damals religiös-christlich begründet und nicht, wie man vielleicht vermuten könnte, philosophisch oder naturrechtlich. Für das, was heute als Menschenrechte verstanden wird, kann als Grundlage die calvinistische Auffassung vom Menschen herangezogen werden. Weiter prägten Menschen mit calvinistischer Weltanschauung auch Initiativen wie die Gründung des Roten Kreuzes (Henri Dunant). Die Religion der Menschlichkeit wird sie auch genannt."

Richard: „Menschenrechte? Das verstehe ich. Machtmissbrauch? Verstehe ich auch. Eine sehr soziale Einstellung hast du auch. Was ich nicht verstehe ist, wie kommt das zu dir?"

Victoria: „Ganz einfach. Durch das genetische Gedächtnis."

Richard stöhnt laut auf. „Was ist das denn jetzt schon wieder?"

Victoria: „Als genetisches Gedächtnis bezeichnet man die Weitergabe von Wissen an die Nachkommen durch das Erbgut. Das wurde inzwischen durch die Wissenschaft nachgewiesen."

Richard: „Was schlicht und ergreifend bedeutet: Alle Erfahrungen und das gesamte Wissen deiner Vorfahren schlummern in dir. Verfolgung, Flucht, Vertreibung, der Glaube, das Wissen und die Macht eines Neuanfangs. Unglaublich. Wer wohl meine Vorfahren waren?"

Victoria: „Wusstest du, dass den Anhängern Calvins die Kinder weggenommen wurden? Sie wurden zwangsweise zu römisch-katholischen Paaren gegeben, damit sie im rechten Glauben aufwachsen. Frauen kamen in ein Arbeitshaus und Männer auf die Galeere."

Richard sitzt erstaunt mit offenem Mund da: „Du hast dich nicht gebeugt und dir wurde das Kind weggenommen. Geglaubt hast du an das Recht und die Gerechtigkeit. Hat eine gewisse Ähnlichkeit. Das Ausspielen von Macht und das Vertreten eigener Interessen."

Victoria: „Eine Flucht bedeutet Entwurzelung, Strapazen und Existenzverlust. Diejenigen, die in Frankreich oder in der Wallonie blieben, sahen sich immer brutaleren Unterdrückungsmaßnahmen ausgesetzt. Der politische und wirtschaftliche Lebensraum wurde ständig weiter eingeengt. Aus naheliegenden Gründen verwischten die Hugenotten auf der Flucht ihre Spuren. Aufzeichnungen haben nur wenige hinterlassen. Aktenkundig wurden die, die man entdeckt oder verraten hatte. Bei ihren Führern, den ‚Schleppern‘, fanden sich außer falschen Pässen, Zettel mit Wegrouten, Hinweise auf Vertrauensleute, Herbergen, Übernachtungsmöglichkeiten und Personen, die Briefe weiterleiteten. Montpellier und Nimes dienten als Treffpunkte, wo die Flüchtlinge Hilfe, Tipps und Nachrichten vorfanden, ebenso wie sie in Lyon Unterstützung, auch bei ausländischen, insbesondere deutschen Arbeitern fanden. England, die Niederlande, Zürich, Genf, Preußen und Hessen öffneten den französischen Flüchtlingen ihre Pforten. Dort wurden ihnen Vergünstigungen bewilligt, wie zehn Jahre Steuerfreiheit, die Befreiung von Zollabgaben und französische und wallonische Handwerker und Meister unterlagen nicht den deutschen Zunftzwängen. Die Hugenotten und Wallonen wurden als eine dynamisch – wirtschaftliche Innovationskraft genutzt, um den Wiederaufbau des Landes, das immer noch unter den Folgen des Dreißigjährigen Krieges litt, zu beschleunigen. Aber gern gesehen waren sie trotzdem nicht. Die Einheimischen sahen sich in ihrer Existenz bedroht. Neid und Missgunst folgten. Kommt dir das nicht alles irgendwie bekannt vor?"

Richard: „Doch. Ja. Irgendwie weiß ich gerade nicht, was ich sagen soll. Aber wenn das alles in dir schlummert, hast du alles, was du gebraucht hast, bereits in dir gehabt ohne es zu wissen. Du brauchtest es ja nur abrufen."

Victoria: „Yep, doch dazu muss man wissen, dass es zur Verfügung steht. Die Suche gestaltete sich zwar schwierig, doch ich bemerkte immer mehr, dass sich alles wie bei einem Puzzle zusammenfügte."

Richard: „Irgendwie schon irre. Du wirst von dem Land traktiert, dass deine Vorfahren einmal begeistert aufnahm und nun drehst du ihm den Rücken zu und kehrst in das Land zurück, dass deine Vorfahren vertrieben hat."

Victoria: „Vielleicht war es einfach an der Zeit heimzukehren."

Richard: „Ist das hier etwa der Ort, aus dem ein Teil deiner Vorfahren stammt?"

Victoria lächelt vor sich hin. Dann schaut sie Richard an. „Ja, es ist einer der Orte, in denen sie lebten. Es ist aber nicht das gleiche Haus. Ich habe lange suchen müssen. Es gibt kaum noch Dokumente aus der Zeit. Doch schließlich bin ich fündig geworden. Ich bin die Wege gegangen, die sie auch gegangen sind. Bin über Schleichpfade zu ihren geheimen Versammlungsstätten gegangen und habe die schlichte Einfachheit bewundert. Nachdem ich mich hier so wohl gefühlt habe, bin ich geblieben und wurde willkommen geheißen. Nach deiner Logik ist es dann wohl so, dass das Land welches meine Vorfahren vertrieb, mich wieder willkommen hieß. Lebendige Geschichte."

Richard: „Vielleicht sollte ich doch lieber heimfahren. Die Lösung liegt vielleicht ganz woanders und nicht in einer Weltradtour. Was meinst du?"

Victoria: „Das ist deine Entscheidung, aber bedenke, dass ist meine Geschichte. Deine kann ganz anders sein."

Richard: „Dieses genetische Gedächtnis, was beinhaltet es? Nur mal so, damit ich meine Möglichkeiten vielleicht erkenne."

Victoria: „Mal überlegen, ob ich das noch zusammenbringen. Es gab da eine Studie von amerikanischen Wissenschaftlern der Emory Universität. Sie wiesen nach, dass das

Verhalten durch Ereignisse in früheren Generationen beeinflusst werden kann, indem diese Erlebnisse durch eine Art ‚genetisches Gedächtnis' weitergegeben werden. Neurologen gehen davon aus, dass wir circa tausend Billionen Informationen während unseres Lebens speichern. Das Großartige dabei ist, durch die Speicherung vergessen wir keine Information davon. Nun gibt es Informationen, bei denen nicht ganz klar ist, wie sie in unser Informationszentrum gekommen sind. Ein einfaches Beispiel: Seit Millionen von Jahren verbinden wir mit dem Geruch von Feuer Gefahr. Selbst Menschen, die noch niemals von einem Brand bedroht wurden, wissen instinktiv: es riecht nach Feuer, Augen auf, Gefahr. Bei Gefahrensituationen flüchten wir oder haben zumindest einen Fluchtreflex. Ausgelöst durch kleine Neuronen im Gehirn, die diese Informationen gespeichert haben. Sofort, schlägt unser Herz schneller, unsere Atmung verändert sich, der Puls geht hoch, die Muskulatur spannt sich an. All das auch, wenn wir noch keine Gefahrensituation erlebt haben. Studien erklären, dass es die Möglichkeit gäbe, über mehrere Generationen hinweg, Informationen zu vererben. Das sind Informationen, die in der Regel lebenserhaltende Wirkung haben. Es sind stark prägende Informationen. Es gibt allerdings auch Wissenschaftler, die behaupten, es gäbe kein genetisches Gedächtnis. Es ist dann wohl eine Frage des Glaubens oder?"

Richard: „Hm, da also eine Art ‚Erinnerung' über Generationen hinweg das Verhalten von Menschen prägen kann, müssen ja dann eigentlich deine Vorfahren bestraft werden und nicht du. Du kannst ja gar nichts dafür?"

Victoria leicht ärgerlich: „Du wirst unsachlich, Richard. Ich gehöre nicht zum Stamm derer, die behaupten, alles liegt nur an ihrer schlechten Kindheit. Die Psychiatrie wäre mir sicher gewesen, wenn ich vor Gericht behauptet hätte, dass meine Vorfahren schuld an meinem Verhalten sind. Im Gegensatz zur Gegenseite übernehme ich durchaus die Verantwortung für mein Tun."

„Wäre doch witzig", gibt Richard leicht mürrisch zurück.

Doch Victoria ist aufgesprungen und deutet in Richtung Meer. Es ist nur als schmaler Streifen zu sehen. Es dämmert. Alles ist still und kein Windhauch ist zu spüren. Richard stellt sich neben sie. Leise flüstert er: „Was ist denn los? Ein Tier?" Victoria legt den Zeigefinger auf den Mund. Dann klettert sie über die steinerne Bank auf die Balustrade des Pavillons. Sie bedeutet Richard ihr zu folgen. Einträchtig sitzen sie nun nebeneinander. Andächtig schaut Victoria in Richtung Meer. Richard tut es ihr nach, auch wenn er nicht genau weiß warum. Doch dann sieht er sie und ihm bleibt vor Staunen der Mund offen stehen. Wie ein Feuerball steigt sie aus dem Meer empor. Die Sonne. Dort wo gerade noch ein dämmriges Grau herrschte, leuchtet es nun purpurrot und kräftig orange. Langsam und gleichmäßig steigt sie höher. Als wenn ein gigantisches Räderwerk dafür sorgt. Es ist faszinierend und bezaubernd zugleich. Magie liegt in der Luft. „Ist das nicht schön?", haucht Victoria. Richard nickt. „Der Sonnenauf- und untergang in der Provence ist so ziemlich das Schönste, was ich je gesehen habe. Was ich nicht wusste ist, dass ich ihn von meinem Lieblingsplatz aus sehen kann. Naja, bislang war ich hier auch nicht eingeschlossen."

Richard: „Wie lange müssen wir hier noch aushalten?"

Mit dem Blick auf die Uhr antwortet Victoria: „Noch vier Stunden."

Richard: „Zeit genug für den Rest der Geschichte. Leg los."

Victoria: „Eigentlich habe ich dir schon alles erzählt. Zumindest das, was wesentlich ist. Interessiert dich die Liebesgeschichte meiner Großmutter?"

Richard nickt eifrig: „Ja, passt zum romantischen Sonnenaufgang."

Victoria: „Hat eher nichts mit Romantik zu tun, aber gut. Meine Großmutter war Jahrgang 1917 und war mit einem Mann verlobt, der im ersten Weltkrieg fiel. Von ihm hatte sie zwei Mädchen. Sie heiratete dann meinen Großvater und hatte mit ihm noch einmal drei Mädchen. Eines starb nach der Geburt. Meine Mutter war das letzte Kind. Den beiden Älteren gefiel der neue Stiefvater nicht, also schmiedeten sie gemeinsam einen Plan, um ihn aus dem Haus zu bekommen. Sie wählten das Einfachste und bezichtigten ihn des sexuellen Missbrauchs. Meine Großmutter war gerade mit meiner Mutter schwanger und als gute Mutter, die sie war, glaubte sie natürlich was ihre Kinder sagten. Sie ließ sich scheiden. Die Mädchen hatten erreicht was sie wollten. Zwei Jahre lang versuchte mein Großvater den Kontakt zu meiner Großmutter wieder herzustellen. Sie lehnte es strikt ab, auch nur noch ein Wort mit ihm zu reden. So konnte er nie nachweisen, dass er völlig unschuldig war. Er hat dann noch einmal geheiratet und mit dieser Frau noch einmal neun Kinder gehabt. Es sah für mich so aus, als ob er nachweisen wollte, dass er ein guter Vater war. Gestorben ist er mit Mitte Fünfzig an Krebs. Dabei haben die beiden sich sehr geliebt. Das Ergebnis Verlust, Schmerz und Verletzungen."

Richard: „Wann ist das Ganze aufgeflogen?"

Victoria: „Als ich unsere Familiengeschichte erforschte. Meine Großmutter war schon lange tot und mein Großvater auch. Eines der beiden Mädchen, also meine Tante, war ebenfalls schon gestorben. Doch die andere erleichterte ihr Gewissen und erzählte alles. Meine Mutter hat ihren Vater nie kennengelernt. Sie ist in dem Bewusstsein groß geworden, dass ihr Vater ein Krimineller ist, über den man besser nicht spricht. Und er hatte keine Chance nachzuweisen, dass er unschuldig ist. Anhand der Lebensgeschichte meiner Großeltern kannst du sehen, welche Auswirkungen solche Lügen auf das Leben von Menschen haben kann."

Richard: „Ähnelt deiner Geschichte, Victoria. Du durftest auch nie nachweisen, dass du unschuldig bist und es war dein eigenes Kind, welches dich ans Messer geliefert hat. Ich sehe das genetische Gedächtnis."

Victoria: „Das habe ich allerdings so noch nie gesehen."

Victoria ist von der Balustrade gesprungen. „Ich glaube, es wird Zeit für ein Frühstück, Richard. Was meinst du? Etwas Brot und Käse ist noch da. Wasser müssen wir auffüllen. Granatäpfel und Aprikosen dürfen gepflückt werden. Machen wir uns auf den Weg?" „Warte, Victoria. Glaubst du, dass ich noch ein paar Tage bei dir bleiben kann?" „Wann geht der Flieger ab Paris?" „In vierzehn Tagen. Aber der TGV nimmt Räder mit." Victoria überlegt: „Ich kann dir mein Sofa anbieten oder die Hängematte auf der Terrasse. Ein Gästezimmer habe ich leider nicht. Passt das für dich?" „Angenommen", entgegnet Richard freudig. „Ich freue mich auf einen regen Austausch." Mit dieser Bemerkung verbeugt er sich leicht vor Victoria. Diese macht mit vergnügtem Lächeln einen angedeuteten Hofknicks. „Los komm, Richard. Aber aufpassen, hier gibt es Kreuzottern. Fest auftreten. Festes Schuhwerk hast du ja an." Richard deutet auf Victorias Füße. „Du aber nicht." Victoria schaut auf ihre Füße. Sie trägt nur leichte Pantoletten. „Mir passiert schon nichts. Los jetzt." Mit diesen Worten schiebt sie Richard leicht vor sich her. Ihren Bastkorb drückt sie Richard in die Hand. Sie greift nach einem starken Ast und schlägt, während des Gehens, vor sich auf den Boden. Richard geht, fest mit den Füßen aufstampfend, vor ihr her. Sie müssen sich den Weg durch dichtes Unterholz bahnen. Victoria hört Richard leise vor sich hin fluchen. Endlich deutet Victoria vor ihnen auf einen Stein. Auf ihm sitzt ein steinerner Frosch und speit Wasser. „Es kommt direkt aus einer Quelle." Victoria hält die Wasserflasche unter den Wasserstrahl. Langsam füllt sich die Flasche. Dann deutet sie nach rechts. „Dort entlang. Es ist nicht mehr weit." Keine fünf Minuten später stehen sie vor einem herrlichen Aprikosenbaum. Rechts dahinter erblickt Richard einen Granatapfelbaum. „Ich die Aprikosen, du die Granatäpfel." „Ist okay, Victoria." Richard stampft in Richtung Granatapfelbaum davon. „Victoria?" „Ja, Richard." „Ist das nicht die Frucht, die Eva ihrem Adam gab?" „Ja, das ist sie. Nur bist du nicht Adam und ich nicht Eva." „Ich gebe ihn dir trotzdem." „Na ja, dann hast du dir aber eine alte Eva ausgesucht." Victoria kichert leise vor sich hin. „Wo die Liebe hinfällt", gibt Richard zurück. „Untersteh dich." Victoria droht Richard scherzhaft mit dem Finger. Da steht Richard auch schon mit seinen Granatäpfeln vor Victoria. Die deutet auf den Korb. Der ist schon zur Hälfte mit Aprikosen gefüllt. „Wie bekommen wir die eigentlich geöffnet, Victoria? Mein Messer ist in der Satteltasche am Rad." „Das ist kein Problem, Richard, ich habe immer eine Schere dabei. Das ist nicht ganz so ideal, dürfte aber gehen." Sie greift in ihre Hosentasche und holt eine kleine Schere hervor. „Wenn ich unterwegs bin, sammle ich oft Kräuter und Blumen. Deshalb ist sie immer dabei." Victoria hebt entschuldigend die Schultern. „Prima, immer für Notfälle gerüstet." „Lass uns gehen, Richard. Ich habe langsam wirklich Hunger." Doch Richard hält Victoria am Arm fest. Fragend schaut sie ihn an.

Richard: „Ganz im ernst, Victoria. Gab es nie einen Mann an deiner Seite nach der Scheidung?"

Victoria: „Doch, gibt es immer noch. Warum?"

Richard: „Warum rufst du ihn dann nicht an? Oder er dich? Macht er sich keine Sorgen um dich?"

Victoria: „Er weiß, dass er sich keine Sorgen zu machen braucht. Gerade ist er auf Reisen und selbst wenn er mich anrufen würde, wäre es nicht ungewöhnlich, dass ich nicht erreichbar bin. Mein Handy habe ich selten mal dabei und jetzt liegt es daheim. Eines der Dinge, von denen ich mich auch abgehangen habe. Ich muss nicht vierundzwanzig Stunden am Tag erreichbar sein. Ich empfehle dir den Film ,Alles unter Kontrolle' von Werner Boote. Meine Privatsphäre ist mir heilig und die Firma ,Horch und Guck' muss nicht mehr Möglichkeiten bekommen, als unbedingt sein muss und sie ohnehin schon haben, weil ich es nicht verhindern kann. Ganz verzichten geht leider nicht."

Richard: „Du führst also ein sehr selbstbestimmtes Leben."

Victoria: „Ja und ich habe mir das Denken bis zum heutigen Tag nicht abgewöhnt. Auch wenn das heute ein ziemlicher Luxus ist. Können wir jetzt gehen?"

Richard: „Ja natürlich. Du bist eine ungewöhnliche Frau."

Victoria: „So ist sie eben. Los jetzt."

Die beiden schlagen wieder den Weg zum Pavillon ein. Dort angekommen öffnet Richard zwei der Granatäpfel und drückt den Saft und die Kerne in die Flasche mit

Wasser. Victoria hat inzwischen Brot, Käse und Aprikosen auf der Steinbank ausgebreitet. Nun setzen sie sich im Schneidersitz gegenüber auf die Steinbank. Immer wieder schauen sie auf die Sonne, die inzwischen schon ziemlich hoch am Himmel steht. „Es wird ein heißer Tag heute." Richard nickt zustimmend. Plötzlich schlägt sich Victoria mit der Hand vor den Kopf. „Mensch Richard, ich habe völlig Valérie vergessen." „Wer ist Valérie?" „Valérie wohnt am Ende des Weges. Ich meine den Weg der draußen am Schloss vorbeiführt. Gegen acht Uhr fährt sie jeden Tag runter in den Ort. Ihr gehört der Lebensmittelladen." „Ja und?", fragt Richard verständnislos. Victoria schaut auf die Uhr. Es ist sieben Uhr dreißig. „Wir halten sie an und sie kann François Bescheid geben, dass wir eingesperrt sind. Dann kommen wir etwas früher hier raus. Ich bin hundemüde." „Gut, packen wir zusammen und gehen zum Tor. Vielleicht haben wir ja Glück." Richard schiebt sich noch schnell ein Stück Brot mit Käse in den Mund, dann steht er auf. Victoria packt rasch alles zusammen und drückt Richard den Korb in die Hand. „Wir frühstücken ausgiebig bei mir daheim und dann schlafen wir uns aus." Die beiden gehen hintereinander den schmalen Pfad bis zum Tor entlang. Dort angekommen hält Victoria Ausschau nach Valérie. Richard hat sich auf die Mauer gestellt und schaut durch die Gitterstäbe, um besser sehen zu können und gesehen zu werden. Victoria lauscht. Da endlich. „Ich glaube sie kommt Richard." Tatsächlich, zwei Minuten später sehen sie Valérie auf ihrem Rad näherkommen. Victoria und Richard brüllen lautstark: „Valérie, Valérie." Doch diese hat die beiden schon längst erblickt. Sie hält vor dem Tor an. „Victoria, qu'est-ce que tu fais là?" Victoria antwortet kurz und knapp: „François nous a inclus. Je me suis endormi." Valérie deutet auf Richard. „Oh mon dieu, tu n'étais pas seul. Un jeune homme...." Dabei zwinkert sie Victoria zu. Diese erwidert leicht erbost: „Arrêtez le non-sens. Sortez-nous d'ici." Erklärend sagt sie zu Richard: „Sie glaubt, wir hatten hier ein kleines Tête-à-Tête." Richard grinst. Valérie macht zwar ein beleidigtes Gesicht, doch sie greift hinter sich in ihre Tasche und holt eine Art Dietrich heraus. Damit stochert sie im Türschloss herum. Da knackt es und das Tor ist offen. Victoria steht wie angewurzelt mit offenem Mund da. „Valérie, tu es un cambrioleur?" „Non, Victoria, je suis toujours prêt à tout. Je suis une femme." Victoria und Richard treten hinaus. Valérie steigt wieder auf ihr Rad, winkt noch kurz und fährt lachend davon. „Wollen wir wetten, Richard, dass in fünf Minuten im ganzen Ort jeder weiß, dass ich mit dir hier die Nacht verbracht habe?" Richard zuckt mit den Schultern. „Lass sie reden." Er holt sein Rad hinter dem Baum hervor, hängt Victorias Korb an und schiebt das Rad langsam in Richtung Ortschaft. Victoria geht neben ihm.

Richard: „Irgendwie habe ich das Gefühl, dass du mir nicht alles erzählt hast?"

Victoria: „Jede Amazone hat ihre kleinen Geheimnisse."

Richard: „Ah so, ich verstehe. Die Frau und ihre kleinen Geheimnisse. Jedenfalls bist du eine Granate mit einer ziemlichen Schlagkraft."

Victoria: „Du bist nicht der Erste, der das feststellt, Richard."

Victoria lacht und zieht Richard am Arm mit sich fort. Sieh es doch einfach so, Richard: „Heute ist der erste Tag vom Rest deines Lebens. Le premier jour du reste de ta vie. "

-ENDE-